최소한의 삶

최선의 삶

A PHILOSOPHY OF SIMPLE LIVING

최소한의 삶 최선의 삶

제롬 브리요 지음
박선진 옮김

행성B

일러두기

1. 옮긴이 주는 각주로, 원주는 미주로 처리했습니다.
2. 단행본은 겹화살괄호(《 》)로 잡지, 신문, 노래 등은 홑화살괄호(〈 〉)로 표기했으며 인용문은 " "로 강조 문구는 ' '로 표기했습니다.
3. 기독교 용어는 가톨릭 용어를 기준으로 했으며 고유명사의 경우 1999년 개정한 공동번역 성서를 참고하여 표기했습니다.
4. 성서의 인용, 발췌문은 원문을 그대로 번역했으며 기 출간된 한글 번역본 성서와 그 내용이 다를 수 있음을 알립니다.
5. 맞춤법과 외래어 표기는 2017년 개정된 한글 맞춤법, 표준어 규정, 외래어 표기법을 따랐습니다.

차례

그 이름이 무엇이건

오늘날 단순하게 살기란 극히 어렵다. 심사숙고할 줄 알며 재능 있는 몇몇 사람이나 가능하다. 그중 누군가는 이렇게 토로할지 모른다. "그렇게 오래 성찰할 여유가 없다. 단순한 삶은 너무도 고결한 목표이지만 나로선 더 현명한 사람이 그런 삶을 찾을 때까지 기다릴 수밖에 없다."
—프리드리히 니체, 《방랑자와 그의 그림자》

많은 이가 혼돈과 불확실성에서 벗어나려 단순함을 추구하는 한편 근본 가치와 신념으로 돌아가기를 간절히 원한다. 그러나 오늘날 단순함은 헛된 꿈이 되고 말았다.
—마크 C. 테일러, 《복잡성의 순간》

이 책은 단순한 삶이 현자들의 고상한 목표나 몽상가의 헛된 갈망이 아니라고 믿는 사람들을 위한 것이다. 물론 앞서 인용한 니체의 문장도 틀린 말은 아니다. 단순함을 이상으로 삼고, 단순한 삶이라는 과제를 더 현명한 누군가에게 기꺼이 넘길 수 있다면 말이다. 하지만 지금은 실현 불가능한 이상을 열심히 좇거나 누군가 답을 주기를 기다리며 소극적으로 살 때가 아니다. 앞뒤 재지 않고 덤벼드는 돈키호테식 열정은 좋은 결실을 보기 어렵다. 수동적 태도 역시 마찬가지다.

지금은 행동해야 할 때다. 우리에게 단순한 삶, 또는 지금보다 더 단순한 삶은 실현 가능할 뿐만 아니라 마땅히 추구해야 한다. 무엇보다도 우리는 그런 삶을 선택할 수 있기 때문이다. 이 책은 이러한 확신 속에서 태어났다.

이 책을 쓰게 된 또 다른 이유를 설명하겠다. 수천 년 동안 수많은 사람이 단순한 삶에 일생을 바쳤다. 이를 위해 어떤 이는 속세를 등졌으며, 또 어떤 이는 좀 더 능동적으로 단순한 삶을 쟁취하고자 순교자처럼 헌신했다. 단순한 삶을 책으로 쓰거나 사상적 기반을 닦은 사람도 있다. 하지만 대다수는 눈에 띄는 헌신이나 학문적 지식 없이도 단순한 삶을 살았다. 바로 그런 사람들의 삶, 단순한 삶에 대한 그들의 생각과 논리가 앞으로 이어질 이야기에 영감을 주었다. 그들 중 일부는 아주 특별한 삶을 살았으며, 단순한 삶에 지침이 될 경험과 생각을 들려주었다.

'단순함'에 대한 이론과 실천에서 몇 가지 보편적인 주제를 찾아낼 수도 있다. 그러나 일반론 확립이나 장대한 서사는 여기서 내가 하려는 일이 아니다. 철학자 롤랑 바르트는 '중립neutre'을 이해하기 위해—그 용어를 정의하는 것보다는 그것을 명명하고자—해당 용어의 의미를 수집했다. 내가 하고자 하는 일도 이와 비슷하다. 단순한 삶에 규범적 정의를 내리거나 몇 가지 규칙을 끌어내 '실천' 목록을 작성하는 일은 하지 않겠다. 나는 과거에는 단순한 삶이 어떤 의미였는지, 삶의 체험은 서로 어떻게 달랐는지, '단순한 삶'이란 이름에 어울리는 담론은 무엇이 있었는지에 더 관심을 두었다. 철학자 앙드레 콩트 스퐁빌은《위대한 덕에 대한 짧은 논고A Small Treatise on the Great Virtues》에서 "단순함은 간접적으로만 접근할 수 있을 것으로 보인다."라고 썼다. 나역시 이 책에서 제시할 수 있는 거라곤 단순한 삶에서 드러나는, 단순함에 대한 간접적인 접근이 전부일지 모른다.

'단순한 삶'이라는 말에는 단순함, 생활 양식, 살아 있음, 이세 가지 개념이 들어 있다. 언뜻 이들은 서로 그럴듯한 인과의 사슬을 형성하는 것처럼 보인다. 즉, 단순하게 생활하면 단순한 삶이 된다는 것이다. 그러나 현실은 말처럼 쉽지 않다. 외려 요즘처럼 단순함과 삶의 거리가 멀었던 적이 없을 정도다.

알다시피, '생활 양식'이란 단순히 살아 있는 것 이상을 뜻한다. '생활 양식'과 '살아 있음'의 구분에는 길고 복잡한 역사가 있다. 탈레스부터 아리스토텔레스까지 고대 그리스 철학자들은 삶, 즉 생명의 본성을 연구하며 모든 생명의 일반 원리를 규명하고자 했다. 그들은 각자 다른 결론에 도달했다. 한 예로 기원전 6세기 탈레스는 아르케archē, 원질, 즉 만물의 변치 않는 원리이자 단일한 근원은 물이라고 주장했다. 반면에 아낙시메네스는 공기라고 답했다. 17세기 데카르트는 생명이 마음과 물리적 메커니즘의 상호작용으로 발생한다고 보았다. 근대 초기 생기론자vitalist들은 기계주의적 관점에 대항하여 생명의 원동력이 비물리적 원리에 있다고 주장했다.

오늘날 생명은 일반적으로 자기 유지, 자기 구성 및 자기 재생산이 가능한 복잡한 시스템으로 이해된다. 생명계는 자연선택의 영향을 받아 그들이 출현한 복잡한 환경에 반응한다. 이렇듯 오늘날 분자생물학이 생명 현상을 설명하면서 '생명이란 무엇인가?'라는 오래된 철학적 질문은 해소되었다.

생명의 복잡함이 하나의 원리로 환원될 수 없다는 생각은 이제 과학계의 주류가 되었다. 한편 이러한 생각은 생명을 이해하려는 보통 사람들의 의지를 꺾어버린 것처럼 보인다. 예컨대, 생명 현상은 너무나 복잡하니 과학자들에게 맡겨두자고 생각한다. 그러나 과학적 합의와 지식의 범주화 및 전용, 그리고 생명과 관련한 질문을 외면하는 태도는 단순한 삶이라는 개념, 혹은 그러한 삶의 가능성 자체를 위협할 수 있다. 생물학적으로 볼 때 생명이 그토록 복잡하다면 단순하게 사는 게 과연 가능할까? 단순한 삶이란 구시대적 상상의 산물에 지나지 않은 걸까? 그렇다면 삶과 단순함은 양립할 수 없을까?

　수 세기 동안 자연과학자들은 생명을 지배하는 단순한 원리가 있는지를 두고 논쟁했다. 생물학자 잭 코헨과 수학자 이언 스튜어트가 함께 쓴《혼란의 붕괴: 복잡한 세상에서 단순함의 발견The Collapse of Chaos: Discovering Simplicity in a Complex World》에는 "과학의 역사는 단순함이라는 개념에서 일어난 수많은 혁명에 대한 이야기다."라는 대목이 나온다.

　최근까지 과학에서 단순성은 특정 이론의 수용과 거부를 결정하는 기준이었다. 환원주의는 오랫동안 과학자와 과학사가에게 논쟁거리였고 앞으로도 그럴 것이다. 뉴턴은 자신의 책《자연철학의 수학적 원리》에서 "자연은 단순함에 기뻐하며, 불필요한 원인을 취하지 않는다."라는 유명한 말을 남겼다. 그러나 과학자들은 이미 18세기부터 인식론적 미덕으로서 단순성에 의문을 제기했다. 건식 복사 원리를 발견했으며 격언가로도 유명한 독일 물리학자 게오르크 리히텐베르크는 다음과 같은 도발적인 문장을 남겼다. "자연의 고귀한 단순함은 대부분 그것을 볼 줄 안다고 생각하는 자의 평범한 단순함에 근거한다." 18세기 일부 자연철학자들은 뉴턴의 우주관과 데카르트의 방법론이 단순성의 원리가 아닌 편견에 기댄다고 생각했다.

　20세기 초 프랑스 철학자 가스통 바슐라르는 명징하고 설득력 있는 글로 데카르트식 단순성을 반박했다. 데카르트는 명제 또는 현상이 단순해지려면 그것이 자명해야 한다고 했다. 이에 바슐라르는 단순한 현상이란 없으며 모든 현상은 관계로 구성된다고 주장했다. 바슐라르에게 단순한 자연이나 단순한 실체 같은 것은 없다. 실체란 속성들의 관계망이다. 또한 그는 단순한 개념도 없다고 덧붙였다. 어떠한 개념도 사고와 경험의 복잡한 시스템에 통합되기 전까지는 이해될 수 없기 때문이다. 바슐라르에게 단순성은 존재하지 않는다. 오직 '단순화'만 있을 뿐이다. 단순한 개념에 경험적, 발견적 가치가 있을 수는 있지만, 그것이 과학적 지식이나 진리의 토대가 될 수는 없다. 그에 의하면 "단순한 개념이란 사실 복잡한 진리를 단순화한 것에 지나지 않는다."

1928년 바슐라르는 단순성이란 사물이나 자연, 또는 그 외 어떤 것이 아닌 마음의 상태라고 단언했다. 앞서 리히텐베르크의 말을 상기시키는 주장이다. 즉 그것이 단순하니까 단순하다고 믿는 것이 아니다. 그것이 단순하다고 믿으니까 단순한 것이다. 바슐라르와 이후 많은 사람이 단순성을 비과학적인 사고에 의해 무분별하게 수용된 잘못된 신념 체계로 여겼다. 그러나 논쟁은 여기서 끝나지 않는다. 현대 생태학의 선구자인 로렌스 슬로보드킨은 "어떤 유기체도 환경의 모든 복잡성에 반응하지 않는다."라고 말했다. 우리는 단순화해서 듣고 보고 느낀다.

단순성은 그것이 생물학적 삶의 구성 요소이든 풍부한 상상력의 산물이든—과학적이든 아니든—우리에게 영향을 미치지만 이 책에서는 그러한 방식을 다루지 않는다. 삶은 복잡하며 여기에 대한 우리 인식은 삶에 관한 총체적 이해를 크게 손상시키는 단순화에서 비롯할 수 있다는 잠정적인 결론으로 충분하다.

자연과학이 생물학적인 삶에 대한 것이라면, 철학은 전통적으로 '좋은 삶'에 관심을 두었다. 좋은 삶은 개인의 행위를 규제하는 윤리학의 '텔로스telos, 目的因'로 여겨진다. 그것은 또한 정치학이 도달하고자 하는 이상이기도 하다. 일찍이 아리스토텔레스는 《정치학Politics》에서 '벌거벗은 생명'으로 묘사된 생물학적 삶과 '좋은 삶'의 상관관계를 서술했다. "여러 마을이 충분히 성장하거나 자급자족이 가능한 하나의 공동체로 통합되었을 때 비로소 국가가 성립한다. 그것은 벌거벗은 생의 욕구에서 비롯되어 좋은 삶을 위해 지속된다." 이 문장에서, 그리고 《정치학》 뒷부분에서 '좋은 삶비오스, bios'은 '벌거벗은 생의 욕구조에, zoē'로부터 비롯하는 것으로 보인다. 정치적 삶은 '벌거벗은 생명'에서 오지만, 고대 그리스인들은 정치에서 이를 거의 배제했으며 그것을 '오이코스oikos', 즉 가정의 일로 한정했다. 이탈리아 철학자 조르조 아감벤은 이러한 배제에서 고대 민주주의와 현대 민주주의의 차이점을 찾았다.

고대 민주주의와 차별되는 현대적 민주주의의 특징이 있다면, 현대적 민주주의는 처음부터 '벌거벗은 생의 욕구(조에)'를 옹호하고 이것의 해방을 천명했다는 점이다. 그래서 벌거벗은 생명을 생활 양식으로 전환하고 이른바 '조에'의 '비오스'를 찾기 위

해 끊임없이 애썼다.[1]

'벌거벗은 생명'을 개인과 공동체 모두를 위한 체계적인 생활 양식으로 바꾸는 과정은 순탄하지 않다. 때로 생물학적 삶이 '더 나은 생활 양식'에 예속되거나 소멸한다. 정치적 결정으로 생긴 생태적 재앙이 인간과 비인간의 생명을 앗아간 사례는 무수히 많다. 범죄가 우려되는 행동을 보이는 아동의 DNA 등록은 아감벤이 연구한 정치화된 생물학적 삶의 한 사례였다. 여기서 생명은 생명정치학적biopolitics 권력의 잠재적 폭력에 노출된다.

생명의 정치, 즉 '생명정치학은 생명의 이름으로 생명을 창조하고 통제하고 파괴하는, 근대 민주주의의 아포리아aporia, 난제다. '삶'의 두 측면, 즉 복잡하고 끊임없이 변화하는 생명 체계로서의 삶과 안정성을 추구하는 복잡한 정치 체제로서의 좋은 삶 사이의 명백한 대립은 쉽게 해소되지 않을 것이다. 실제로 정치 체제는 그것이 만들어내고 촉진하는, 소위 자연 발생적인 욕구에 호소함으로써 자신의 존재와 작동을 정당화해왔다. 만약 사유재산이 자연에서 발견된다면 자본주의도 분명 자연적인 것일 테니 말이다. 인위적으로 세워진 이상은 공동체적 삶의 필요 요건으로 여겨지지만, 이것과 경험적 설명 및 과학적 탐구를 거부하는 삶 사이의 긴장감은 해결되지 않은 채 남아 있다.

단순함을 논할 때 삶을 서로 다른 두 개념으로 나누어 생각해볼 수 있다. 혈관을 타고 흐르는 신진대사적인 삶, 그리고 유기체를 초월하는 삶이다. 앞엣것은 문제가 생기거나 끝나기 전까지는 아무도 관심을 가지지 않을뿐더러, 위대한 저 너머로 확장되는 뒤엣것에 비해 하찮은 것으로 여겨진다. 초월적 삶은 여러 이름으로 불린다. '영적인 삶'도 그중 하나로, 저급하고 가변적인 육체적 삶을 경시하는, 육신에서 벗어난 영원한 삶이다. 맥동하는 삶을 초월하는 이 고상한 형태의 삶은 종교적 성향과 관계없이 오래전부터 단순한 삶을 추구하는 이들을 이끄는 등불이었다. 예를 들어 수도자들은 삶에서 단순함을 추구하고자 하느님의 단순한 삶을 모방하려 한다. 수도자들은 필멸자로서의 삶을 영생과 이어지는 영적인 준비로 간주한다.

철학자 프랑수아 줄리앙은 《사는 것의 철학Philosophy of Living》에서 외적으로 결정되는 삶과 생존을 구분한다. 출생과 죽음, 그리고 생물학적, 윤리적, 정치적, 영적 삶과 같은 외적 기준은 우리가 삶을 개념화하는 데 도움이 된다. 삶은 고유한 목적과 지식을 가진 별개의 범주들로 체계화할 수 있다. 그러나 줄리앙에 따르면, 생존은 외적 기준이나 범주를 넘어선다.

'생존'은 여러 단계로 분리되지 않으며 외부에 의존하지도 않는다. 일단 시작되면 되돌릴 수 없다. 우리는 이 '생존'에 헌신해오지 않았는가? 홀로 외로이 이정표도 없이, 매 순간이 우리 각자에게 새로운 삶의 시작인 것처럼, 이 삶이 아닌 다른 삶이 있을

최소한의 삶
최선의 삶

수도 있다는 것은 상상도 못 한 채 말이다. 우리는 살아 있지 않은 상태를 상상할 수 없다. '산다'는 것은 '동사 원형'으로서, 대상이 무엇이든 어떻게 활용되든 우리 사고에서 그 차이를 즉시 지워버리고 오직 작용만을 간직하는, 그러나 매우 지속적이고 신중한 방식으로 우리에게 작용으로 경험되지 않게 하는 익명의 명사다. 산다는 것은 우리가 그 의미를 이해하지 못한다고 해도 이미 우리 안에 있는 영원한 침묵이다.[2]

삶은 우리 안에서 조용히 작용한다. 니무 조용해서 듣지 못하고 지나치기 쉽다. 단순한 삶을 선택한 사람은 주변에서 그리고 자기 안에서 일어나는 삶의 조용한 작용에 계속 귀 기울인다. 이 책에서 살펴볼 많은 사례에서 단순한 삶이란 바쁜 생활의 소음을 잠재우고 생명이 발산하는 나직한 음성을 듣는 일이다. 한때 모든 생명체에 생기를 불어넣었던 조용한 작용은 전체로 경험되는 세계, 말 그대로 '단순한 세계'를 창조하기 위해 차이를 지운다. '단순함simplicity'이라는 단어는 원래 라틴어 '심플렉스simplex'에서 유래되어 프랑스어 '심플리시테simplicité'를 거쳐 생겨났다. 어원은 인도 유럽 고어인 sem하나과 plek접다이 합쳐진 것으로 '한 겹' 또는 '전체'를 말한다. 우리 내부와 주변에서 들리는 삶의 나직한 음성은 개념적 범주로 분리된 모든 것을 통합시킨다. '살아 있음'은 삶의 양식으로서 단순함을 실천할 때 경험되고 활력을 얻는 조용한 에너지의 이름이다.

단순한 삶을 향한 첫 번째 단계는 신성화된 것만이 아닌 모든 다채로운 생존 방식에 주의를 기울이는 것이다. 그럴 때 다른 존재, 즉 오직 인간의 감흥과 이익만을 위해 이 땅에 살지 않았던 그것들이 모습을 드러낸다. 퀘이커 교도 존 울먼처럼 생명의 사소한 징후에도 관심을 기울이는 사람은 상호호혜 속에서 보살핌이 꽃핀다는 사실을 안다. 그런 다음 모든 살아 있는 것을 돌보는 데 관심을 기울인다. 치유의 기본 원리가 그러한 것처럼, 단순함은 조각나 있던 것들을 전체로 통합으로써 치유한다.

'치유healing'와 '전체whole'는 어원이 같다. 오늘날 거의 사용되지 않는 '본초simples'라는 단어는 '단순함simplicity'의 치유적 속성을 환기시킨다. '본초'는 아주 오랜 옛날부터 사용해온 다양한 약용 식물을 말한다. 예를 들어 중세 수도원 정원 한 편에는 이런 식물들을 키우기 위한 자리가 마련되어 있었다. 본초는 순수한 단일 재료에서 얻은 치료제로, 대부분은 식물이지만 동물이나 광물을 이용한 것도 있다. 본초는 조제약이나 연약煉藥과 다르다. 연약은 단일 약물 성분을 꿀과 섞어서 먹기 좋게 만든 조제약이다.

약초상들은 유사성의 원리, 즉 '동종의 것은 동종의 것으로 치유된다'는 원리에 따라 본초 치료제를 처방했다. 16세기 스위스 연금술사인 파라켈수스는 식물의 외형이나 서식지가 그것의 약효를 상징한다는 '징표'의 원리, 혹은 '자연의 징표' 원리를 발전시켰다. 식물의 형태나 색, 질병(또는 상처)의 유사성에 비추어 어떤 약초를 사용할지 결정한 것이다. 본초 의학으로 널리 알려진 치유 상호주의가 시사하는 것처럼, 모든 생명은 서로를 돕는다. 생명은 전체론적으로 생명을 치유한다. 일체성, 유사성, 그리고 단순성이라는 말은 어원학은 물론 본초학에서도 건강, 활기, 활력과 연결된다. 본초는 활력을 회복하고 보존하기 때문이다.[3]

단순한 삶은 사회 통합 및 발전 시스템의 분열과도 관련이 있었다. 실제로 단순한 삶의 대가들은 삶의 기초를 형성하는 일련의 계율이자 관습인 사회적 전통에 도전했다. 기원전 4세기의 견유학파는 기성 가치와 관습에 끊임없이 질문을 던진, 최초이자 가장 유명한 단순한 삶의 대가들이다. 역사 전반에 걸쳐 단순한 삶의 옹호자들을 사회 부적응자로 취급당하며 '디오게네스'라는 경멸조의 이름으로 불리곤 했다. 이른바 후기 견유학파는 대다수가 흔쾌히 받아들인 관습에 반기를 들었기 때문에 반사회적이라거나 세뇌를 당했다는 의심을 받기도 했다. 인습의 거짓에 가려진 실체를 파헤치려 할 때도 이들은 종종 현실보다 이상을 추구한다는 비난을 받아야 했다. 하지만 그들은 실현 불가능한 이상은 믿지 않았다. 생명을 억압하는 독단적인 관습과 급속한 기계화의 세계도 믿지 않았다. 그들은 단순한 삶 속에서 생명의 유기성과 완전성을 손끝으로 느끼며 겸손을 발견했다.

단순한 삶은 대부분 삶을 다시 일구겠다는 결심에서 시작한다. 살아 있는 모든 존재의 신성함을 받아들이고 관습의 독단성에 의문을 품는 일은 삶을 바꾸는 계기가 된다. 그렇게 삶의 변혁을 맞이한 이들은 그저 살아 있는 것이 단순한 삶은 아니라는 것을 깨닫게 된다. 단순한 삶은 수동적으로 사는 대신 신중하게 살기로 결심했을 때 비로소 가능하다. 그런 의미에서 단순한 삶은 본질적으로 정치적이다. 모든 결정을 내릴 때 이를 염두에 둔다면 더는 삶에 대한 자각이 바쁜 일상과 습관에 묻히지 않을 것이다. 단순한 삶은 이제 갓 시작된 운동으로, 생의 소곤거림에 귀 기울이고 기꺼이 이에 따라 행동하려는 의지라고 할 수 있다. 단순한 삶을 선택한 사람들의 적극성은 저마다 다르다. 소비 지상주의 세계에 완전히 등을 돌린 사람이 있는가 하면, 그저 강박적 소비에서 자유로워진 정도에 그친 사람도 있다. 이건 시작일 뿐이다. 단순하게 살겠다는 결심을 정치화하는 것은 매우 긴요한 문제일 수 있다.

'자발적인 단순함' 운동을 따르는 사람이 점차 늘고 있지만, 이들 중 많은 수가 단순한 삶을 가장한 편법에 빠지고 있다. 일부 거짓 단순성 전도사는 어쩌면 이 시대의 상징적 존재라고 할 수 있다. 그러나 이들의 말과 행동은 점점 늘어나는 헌신적인 '단순주의자'의 저항에 부딪히고 있다. 제5장에서 이 새로운 경향에 대해 더 이야기할 것이다.

이 책은 삶의 한 방편으로서 단순함의 몇 가지 형태를 보여준다. 단순한 삶을 체계화하는 개념들은 때로 특정 이데올로기에 편입되기도 했는데, 그중 일부는 끔찍한 결과로 이어지며 많은 해악을 끼쳤다. 그러나 단순한 삶을 옹호하는 사람 대부분은 사회 정의와 보살핌의 윤리, 자기 보살핌과 모든 살아 있는 존재에 대한 보살핌을 옹호한다. 때때로 생명 없는 것들에 대한 이들의 불신은 무분별한 기술 발전에 대한 우려로 이어지기도 한다. 그 모든 현상에서 과잉을 자제하는 태도는 단순한 삶의 영원한 가치 중 하나다. 독창성 또한 마찬가지로, 일반적으로 사물의 고유한 용도 너머를 보는 능력으로 알려져 있다. 이러한 용도 변경repurpose은 단순한 삶이 처음 등장한 이래로 계속 존재했다. 디오게네스는 항아리 속에서 살았다. 창의적 정신은 미국 셰이커 교도들의 삶에도 생기를 불어넣었다. 이 책에서는 독창성 또는 용도 변경을 통해 삶을 단순하게 만드는 법도 이야기한다.

1827년 3월 29일 괴테는 그의 오랜 친구이자 작곡가인 카를 프리드리히 첼터에게 보내는 편지에 다음과 같이 썼다.

곧 구체적으로 이야기할 기회가 있을 것 같지만, 최근에 저는 "Il faut croire à la simplicité."라고 말한 바 있습니다. 단순함을 믿어야 한다는 뜻이죠. 올바른 길로 가려거든 단순함, 단순한 것, 독창적인 생산성을 믿어야 한다는 의미입니다. 그러나 이 일이 모든 사람에게 가능한 것은 아닙니다. 우리는 인위적인 상태에서 태어났으니 단순함으로 돌아가는 것보다는 인위적인 상태에 머무는 것이 더 쉽게 느껴질 것입니다.**4**

이 편지의 독창성과 창조적 에너지를 돋보이게 하는 미학적 단순함에 대해서는 언급하지 않겠다. 예술에서의 미니멀리즘은 단순한 삶에 대한 논의 범위를 벗어난다. 미니멀리즘은 단순한 삶을 어느 정도 뒷받침하며 도움도 된다. 또한 여기서 도출된 몇 가지 개념도 활용한다. 그러나 이 책에서 다루고자 하는 좀 더 긴급한 철학적 논제에 직접적으로 도움이 되지는 않는다.

단순한 삶은 동양에서도 활발히 논의되었으며 동양철학의 전통을 풍요롭게 했지만 이 책에서는 다루지 않았다. 대신 유럽, 미국과 한때 이들의 식민지였던 곳을 대상으로 삶의 방식으로서 단순함의 긴 역사에 방점을 둔다. 어떤 독자들은 이론적인 덕목으로서의 단순함은 왜 관심을 받지 못하는지 궁금할 것이다. 그러나 이 책은 어떤 논쟁과 이론의 타당성이나 고상함보다는, 단순한 삶을 사는 경험과 이를 지속시키는 몇 가지 개념에 집중할 것이다. 마찬가지로, 나는 이 책에서 단순한 삶의 이론과 설명에 대해 도덕적 판단을 자제할 것이다.

다루지 않는 주제가 몇 가지 더 있다. 이는 사람들이 더 단순한 삶을 살았다고 전해지는 오래전 잃어버린 과거에 대한 향수 어린 노래가 아니다. 이 책에 등장하는 단순한 삶의 이야기가 독자들이 더 단순하게 살게끔 북돋울 수 있다면 더 바랄 것이 없다. 그러나 독자들을 개종시키는 것이 이 책의 의도는 아니다. 또한 삶을 정리하는 방법에 대한 또 다른 자기 계발서를 목표로 하지도 않는다. 마지막으로, 이 책은 지속 가능한 삶의 역사에 대한 책도 아니다. 인류 역사에서 대부분 단순한 삶은 지금 우리가 당면한 환경 문제와는 거리가 있었다. 18세기 후반까지 세상은 오늘날처럼 끝없는 탐욕의 대상이 아니었기 때문이다.

무엇보다도 '단순한 삶'이라는 말은 자족과 자립, 숙고와 해방, 인접성과 전체성, 관심과 보살핌을 비롯해 사물들을 어떻게 호명해야 할지 그 이름 짓기까지 포괄한다. 단순한 삶을 지지하는 사람들의 구호 속에 '지구를 살리자'는 목소리가 점점 더 많이 들리고 있다. 물론 그래야 한다. 그러나 단순한 삶은 자유, 정의, 겸손, 비판적 사고를 포함해 인간은 물론 인간이 아닌 다른 모든 것에 대한 보살핌도 중요시한다. 단순한 삶은 각자 다르게 경험되므로 또한 여러 가지 뜻을 내포할 수 있는 것이다.

고대 그리스에서 가장 오래된 신탁은 가이아Gaia, 즉 지구에게 바쳐진 신성한 참나무 잎의 바스락거리는 소리였다. 이 책은 고대 도도나*에서 시작해 초기 수도자들의 단순한 삶으로 향한다. 이들의 삶은 지난 세기, 기술에 반대하는 기독교 저술에 반영되어 있다. 제3장에서는 17~18세기 영국과 미국에서 활동한 셰이커 교도 및 퀘이커 교도의 단순한 삶과 그 유산을 이야기한다. 산업혁명 도래기 장 자크 루소와 헨리 데이비드 소로는 단순

* Dodona. 고대 그리스 에페소 지방에 있는 제우스 신탁소

한 삶을 호소했다. 제4장은 주로 이들의 사상과 실험을 다룬다. 마지막 장에서는 더 나은 사회와 지구의 미래를 위해 꼭 필요한 자발적인 단순성 추구에 대해 살펴본다. 오늘날 '단순한 삶'이 그 어느 때보다 절실해지면서, 이러한 욕구를 가진 고객을 대상으로 단순함이 대량 판매되고 있다. 큰 이득을 남기기 위해 이제 우리는 아무렇지 않게 단순함을 생산해낸다.

하나의 용어로서 '단순한 삶'은 실질적인 '삶'이 환기하는 실현 불가능하고 분열을 초래하는 이상ideal의 영향을 받지 않는다. 생명의 불가해한 복잡성에 집착하지도 않는다. 하나의 사상으로서 단순한 삶이 정치적이든 윤리적이든, 혹은 종교적이든 '좋은 삶'과 생물학적 삶 사이의 긴장을 해소할 것처럼 가장하지 않는다. 한 생명을 위한다는 명분으로 다른 생명을 말살하는 데 공모하지도 않는다. 단순한 삶이란 현존하는 생명을 보존하고 새로운 생명을 창조하기 위해 삶과 '좋은 삶'이 함께 작동하는, 생물학이 정치학을 보완하는 삶을 말한다. 하나의 실천으로서 단순한 삶이란 모든 살아 있는 것에 깃든 나직한 소리를 듣는 데에서 시작한다.

제1장

단순한 시작

SIMPLE

고대 이집트 신화에 등장하는 발명의 신 테우스Theuth가 타무스Thamus 왕에게 바친 선물 이야기에서 시작해보자. "오, 왕이여! 여기 이집트인을 더 현명하게 만들어줄 선물을 가져왔습니다. 이걸 받으면 더 많이 기억하게 될 것입니다. 제가 기억과 지혜를 위한 묘약을 발명했습니다."

이 마법의 묘약은 다름 아닌 문자다. 그러나 타무스 왕은 테우스만큼 흥분하지는 않았다. 왕은 테우스가 자기 발명품인 문자를 편견 없이 객관적으로 보지 못한다고 생각했다. 오직 '외부의 재판관'만이 이 선물의 가치와 장점을 평가할 수 있다고 생각했다. 타무스 왕은 테우스의 장담과는 반대로, 문자가 기억력을 증진시키는 것이 아니라 오히려 망각을 키울 수 있다고 우려했다. 그는 문자를 깨우친 사람들은 스스로 생산한 지식 대신 자신이 읽은 문장에 의존하게 될 것이라고 생각했다. 그래서 "문자는 지혜의 실체가 아닌 겉모습만을 전달할 것"이라며, "사람들은 자신이 모르는 것에 대해 안다고 생각하게 될 것입니다."라고 답했다. 타무스 왕은 자기한테서 나온 지식(기억된 지식)과 외적 기호에 의존하는 지식(상기된 지식) 사이에는 차이가 있다고 말한다. 그가 결론짓기를, 진정한 앎이란 타인으로부터 얻거나 전수받은 것이 아니라 자기에서 유래한 것이다.

이들의 대화는 지금 우리가 당연하게 여기는 선물, 즉 출판 인쇄의 자유처럼 오늘날의 소중한 가치를 선사한 바로 그 묘약에서 시작해 앎의 본성과 기초, 그리고 전수로 나아간다. 그러나 더 나은 삶을 약속하며 종래의 방식을 뒤엎고 우리의 신체적, 정신적 능력을 돌이킬 수 없을 정도로 변형시키는 발명품에 대한, 이런 종류의 이야기는 언제나 끝없는 의구심을 불러일으킨다. 테우스와 타무스 왕의 이야기도 예외는 아니다.

플라톤은 《파이드로스Phaedrus》에서 소크라테스의 목소리를 빌어 '글쓰기'라는 신이 내린 재능에 대해 이야기한다. 한 대화에서 소크라테스는 파이드로스라는 젊은이와 문자의 유익함과 해악에 대해 논의했다. 파이드로스는 스승에게 테우스와 타무스 이야기가 실제 있었던 일인지, 논증을 위해 지어낸 이야기인지 묻는다.

소크라테스가 답한다. 경애하는 친구여, 도도나의 제우스 신전을 지키는 사제들은 최초의 신탁이 참나무의 말이었다고 했네. 당시 사람들은 오늘날의 자네만큼 현명하지 않았고 그것이 진실을 들려주는 한, 참나무나 심지어 바위에 귀를 기울이는 것만으로도 원하는 것을 충분히 얻을 수 있을 만큼 단순했네. 그런데 파이드로스, 자네는 말하는 사람이 누구이고 그가 어디에서 왔는지에 영향을 받는 것처럼 보이네. 그저 그가 말한 것이 옳은지 그른 것인지를 생각하는 것만으로 충분하지 않을까?[1]

전통적으로 도도나 신탁은 국가의 문제를 다루는 델피 신탁보다 단순했다. 도도나 신탁은 명료하게 '예' 또는 '아니요'로 표현되었다. 이들은 가정과 개인의 삶에 관한 간단한 문제를 다루었다. 디오네Dione와 제우스를 섬기는 도도나 사제들은 바닥에서 잤다고 전해진다. 이들은 대지와 직접적이고 영속적인 접촉을 유지하기 위해 발에 묻은 흙을 씻지 않았다. 림노스의 필로스트라투스(3세기에 활동)는 이들이 "하루 벌어 하루 먹으며" 산다고 묘사했다. 이러한 "하루살이 삶"은 그들이 모시는 신을 즐겁게 했다. 이들 사제는 단순한 삶을 통해 물질적 근심이나 글로된 지식의 방해를 받지 않고 심원한 신의 목소리를 들을 수 있었다.

제우스와 여신 디오네의 음성은 바스락거리는 나뭇잎 소리 또는 나무에 매달린 풍경 소리로 전해졌다. 신전을 지키는 자들의 단순한 삶에는 이러한 목소리를 듣는 데 방해가 되는 것이 없었다. 사제들에게 지식은 삶을 통해 비로소 가능해진다. 이런 생각은 오늘날 대부분 사람에겐 낯설다. 우리는 지식이 있어야만 삶이 가능하다고 믿는다. 그 사람이 아는 것이 그 사람의 삶을 보여준다고 생각하는 것이다. 그러나 과거의 사제들은 단순한 삶을 살아감으로써 진리를 이해하고 신의 메시지를 해독할 수 있었다.

나무와 바위는 단순함 속에 사는 사람들에게만 그들이 품은 진리를 드러낸다.《파이드로스》에서 인용한 위의 문단에서 '단순함'에 해당하는 그리스어는 '에비테이아*εὐήθεια*'로 진심, 순박과 함께 어리석음을 뜻하는 양면적인 용어다. 이 용어는 소크라테스의 논증에서 순박하거나 천진난만한 성향으로 이해할 수 있다. 메시지가 어떻게 전달되는지 또는 어디서 유래한 것인지 신경 쓰지 않는 소박한 사람은 메시지가 전달된 장소, 시기, 진실의 종류와 상관없이 밝혀진 진실 자체에 주목할 것이다. 도도나 사제들처럼 단순함 속에 사는 사람들은 진리를 있는 그대로, 형식이나 내용에서 단순하게, 꾸밈없이 받아들인다. 진실의 내용보다 방법과 형식에 관심을 쏟는 기교적 사고로는 오히려 진실에 눈이 멀 것이다. 신탁이 누구에게서 왔고 어디서 유래되었는지에 무심한 단순한 삶의 성취는 진리만큼이나 소중하다.

테우스와 타무스 왕 이야기는 문자에 대한 것이지만 또한 단순함에 대한 것이기도 하다. 소크라테스는 문자의 결점 중 하나로 그것의 엄숙하고 영원한 침묵을 지적했다. 문자 기록 자체는 아무것도 말할 수 없다. 그것은 이 손에서 저 손으로, 배운 자에게서 무지한 자에게로 영원히 떠돌며 그것을 받아든 이에게 무엇이든 말하게 한다.《파이드로스》에 따르면 "기록은 항상 어버이의 도움이 필요하다. 혼자서는 자신을 방어할 수도, 옹호할 수도 없다." 기록은 연약하며 의존적이고, 생명 없는 단어들의 조합과 다르지 않으며, 그럼에도 진정한 앎을 전달하지만, 파피루스 위에 쓰이기에 언젠가는 반드시 분해되어 사라지고 만다.

기록은 물질성의 제약을 받는다. 반면에 뛰어난 연사의 훌륭한 강연은 청중의 영혼에 각인된다. 그것은 자유롭고 영원한 생명을 얻는다. 효과적인 강연은 "깨달은 자의 살아 있는 연설이지만 여기에 대한 기록은 고작 이미지만 남길 뿐이다." 소크라테스에 따르면 유능한 연사는 "참된 영혼을 지식이 담긴 이야기 속에 심어 싹트게 한다." 스스로 씨앗을 뿌리고 번창하는 이야기에 영혼을 심어야 한다. 또한 해박해야 하며, 자신의 이야기를 더 이상 나누어지지 않을 때까지, 즉 단순해질 때까지 잘게 나누고 또 나누어야 한다. 그는 청중에 맞춰 강연을 진행해야 하며, 소박한 영혼에게는 오직 소박한 이야기만 전달해야 한다.

소크라테스에 따르면 이는 화자와 청자의 협력으로 최상의 결실을 볼 수 있다. 완벽하지는 않지만 글로도 가능하다. 그러나 주제와 형식을 단순화하는 데 성공했다 해도, 글은 강연보다 독자와 한 단계 더 거리가 있기에 직접적인 소통만큼 현장성과 친밀함이 없다. 참된 단순성은 중계되지 않는다. 대신 우리는 나무와 바람, 그리고 사람들로부터 참된 메시지를 들을 수 있다.

나무가 흙으로 돌아가 침묵하게 된 이후에도 기록은 계속해서 열매를 맺는다. 어떤 것은 독이 들었고 어떤 것은 치유력이 있다. 글은 약이거나 '파르마콘pharmakon', 즉 치유하는 독이자 독이 든 약이다. 프랑스 해체주의 철학자 자크 데리다는 파르마콘이 "대립자 일치*의 예리한 단순성을 가지고 있지 않다." 즉 2진 체계로 환원되지 않는다고 말했다. 파르마콘은 양면적이다.

> 파르마콘은 안정적인 본질도 '참된' 특질도 없다. 파르마콘의 '본질'은 그것이 어떠한(형이상학적, 물리적, 화학적, 연금술적) 의미로든 '실체'가 아니란 점에 있다. 파르마콘은 이데아적 정체성이 없다. 그것은 무형상이다. 무엇보다도 그것은 단일 형상(파이돈이 형상을 단순한, 순수한 무언가라고 말할 때의 바로 그 의미로서 단일 형상)이 아니기 때문이다. 이 '약물'은 단순한 것이 아니다. 그렇다고 합성물도 아니며 감각 가능하거나 경험적인, 여러 단순한 본질들로 구성된 '복합물'도 아니다.**2**

최소한의 삶
최선의 삶

---

* coincidentia oppositorum, 서로 대립하고 모순되는 것도 절대자 안에서는 일치한다는 뜻으로, 15세기의 철학자 니콜라우스 쿠자누스가 신의 무한성을 표현하기 위해 사용한 용어

파르마콘은 단일 개체로 환원될 만큼 단순하지는 않지만 여러 개체의 합성물도 아니다. 그저 약과 독의 혼합물도 아니다. 데리다가 말했듯이, 파르마콘은 "그 형상과 다른 것들 사이의 대립에서 일반적으로 차이를 생산하는, 모든 것에 앞서는 매개체." 파르마콘은 '차연différance'을 가져오는 힘 또는 '매개체'로, 그 의미는 차이나 이항 대립에 의해 달라지고 강화된다. 그것은 치료를 위해 투약했을 때도 단순한 개체의 무결성을 저해하는 보충제다. 그것은 완전했던 무언가에 대한 첨가제며, 본질에 변화를 가져오는 혼합물이다.

그리스어로 파르마콘은 염료, 즉 자연색의 변화를 의미한다. 17세기 영국의 극작가이자 계관 시인인 벤 존슨은 단순함의 여신 아펠리아의 방패에 "모든 것에는 색이 없다.", 즉 꾸밈도 가식도 없다고 썼다. 말의 정제되지 않은 즉흥성을 본뜬 단순한 연설―에페소스의 크세노폰Xenophon(2~3세기에 활동)의 글에서 잘 표현된 바 있다―에도 이 여신의 이름이 붙는다. 단순함은 무색의, 변형되지 않은 순수한 상태로, 언뜻 파르마콘의 유동적인 불확정성과 대비된다. 그러나 단순함과 파르마콘은 그렇게 깔끔하게 구분되지 않는다. 예컨대 파르마콘을 생명력 있고 거친 광범위한 에너지로, 반대로 단순함을 소극적이지만 즉각적인 지적 이해에 대한 자발적인 절제로 나누어 생각하는 것은 잘못된 이분법이다. 그렇게 되면 환원주의적 연상이나 이미지에 사로잡힌다.

소크라테스 이전의 철학자들은 만물의 원리가, 사물의 존재나 변화에 영향을 받지 않는 하나 또는 그 이상의 근본 원소에 담겨 있다고 여겼다. 탈레스에게 물은 만물이 태어나고 되돌아가는 근원적이며 보편적인 물질이다. 이러한 근원적 물질은 절대 파괴되지 않으며 단지 변형될 뿐이다. 아리스토텔레스에 따르면, "아낙시메네스와 디오게네스는 물 이전에 공기가 있으며 공기야말로 모든 단순한 실체의 최종 근원이라고 보았다." 공기가 가장 단순한데 여기서 실체가 단순하다는 것은 영원성을 의미한다.

엠페도클레스는 만물의 근원으로 물, 불, 공기, 흙의 네 가지 원소를 제시했다. 아리스토텔레스에 따르면 이런 요소들은 "양적으로 더해지거나 줄어들 뿐 항상 보존되며, 다른 원소로 합쳐지거나 나눠지지 않는다." 단순한 원소들은 자기 보존과 재생산 성질에 의해 정의된다. 이른바 '형이상학의 아버지'라고 불리는 파르메니데스는 세상에는 오직 하나의 원소만 존재하며 이것은 "창조되거나 파괴되지 않고, 완전하고 부동하며 끝이 없다."는 사상을 제시했다.[3]

보존 원리로서의 단순성, 그리고 실재 또는 '무엇'의 일자성oneness에 대한 파르메니데스의 개념은 후대의 철학자에게 영향을 미쳤다. 플라톤의 저서 《테아이테토스Theaetetus》에서 소크라테스는 파르메니데스를 "모든 것이 일자一者, One이고 변함없이 자기 안에 존재하며 그 안에는 움직일 공간이 없다고 주장한" 철학자로 소개한다. 이후 대화에서 소크라테스는 파르메니데스의 단순성 빛 일자성에 대한 개념이 매우 복잡하며 결코 가볍게 취급될 수 없음을 인정한다.

《파이돈》에서 소크라테스는 '단일 형상'으로서 '원형' 개념을 소개한다. 원형 이론에 따르면, 원형이란 그 사물이 왜 그러한지에 대한 이유이다. 무언가가 아름답다면 그 이유는 미美의 원형 때문이다. "아름다운 것을 아름답게 하는 것은" 형태나 색상이 아니라 미美이다. 여기서 플라톤은 소위 '두 세계론'을 간략히 묘사한다. 원형의 세계에서 원형은 단일하고 불변하며 본질적이다. 가지可知적이고, 볼 수는 없지만 마음으로는 이해할 수 있다. 이와 반대로 우리가 사는 구체성의 세계는 복합적이고 다형적이며 변화하고 흘러가는 것으로 이루어졌으며, 불가해하지만 지각할 수 있다.[4] 플라톤은 《파르메니데스Parmenides》에 실린 대화에서 원형 이론을 재고하고 문제점을 제기한다. 하지만 원형이, 단순하며 가장 높은 수준의 선善을 구성한다는 이 이론은 비록 수정을 거치긴 했지만 플로티노스로 이어진다.

신플라톤주의자 플로티노스 철학의 핵심에 '일자'가 있다. 일자는 이성과 언어에 포착되지 않고 교묘히 빠져나간다. 단지 사색이나 환영을 통해 그것의 '두나미스dunamis' 혹은 권능의 소산을 경험할 수 있을 뿐이다. 일자는 존재의 가능성이다. 일자가 확장될 때 그것은 지성 또는 '누스Nous'를 생성한다.

만물이 그것에서 오지만, 일자 자체에는 아무것도 없는 이유가 정확히 이 때문이다. '존재'가 발생하려면 그 원천은 '존재'가 아니라 '생성자'여야 하며 여기서 최초의 생성 행위가 나온다. 아무것도 추구하지 않고, 아무것도 소유하지 않으며, 아무것도 없다. 일자는 완벽하며(비유하자면) 충만하다. 그 풍요로움에서 새것이 만들어진다. 이렇게 생성된 사물은 다시 어버이에게 돌아가 채워지며 깊이 사색한다. 이것이 바로 '지성 원리'다.[5]

타자, 즉 '누스'의 유출은 일자의 변형이 아니다. 일자는 언제까지나 변하지 않고 항상 그 자체로 현존한다. 누스가 유출될 때 그 순수한 에너지 속에서 일자의 존재가 드러난다. 누스 또는 지성은 그에게 통일성을 부여한 일자를 인지할 수 있으며 그 자신의 사고 또한 파악할 수 있다. 누스에게 있어 사고와 존재는 동일한 것이다. 플로티노스는 사고의 총체성을 플라톤이 언급한 원형의 총체성에 완전히 포함시킨다. 따라서 플로티노스 철학에서 '누스'는 제1원리로, 생성과 다중성을 모두 일으킬 수 있는 일자다. 누스는 '신' 또는 '테오스Theos'로 불리기도 한다.

플로티노스 철학 및 신플라톤주의가 단순성에 대한 고찰과 이어지는 측면은 누스가 생성되는 원래의 유출과, 누스로부터 유출되는 영혼 사이에 논리적이고도 항구적인 관계가 성립한다는 점이다. 《엔네아데스Enneads》 제2권 아홉 번째 논문에서 플로티노스는 또한 '선善'이라고도 불리는 일자는 '단일'하고 따라서 원초적이며 "완전한 통일"이라고 말한다. 여기서 '단일'하다는 말은 자기 충족적(다른 구성 성분에 의존하지 않는)이고, 섞이지 않았으며, 자족적이고 그 안에 아무것도 담지 않는다는 의미다. "이질적이지 않은 것에서 나와서 이질적이지 않은 것으로 들어가며 결코 꾸밈이 없으니 그 위에 아무것도 있을 수 없다."

플로티노스는 상대적으로 더 단일할 수는 있지만, 일자보다 단일한 실체는 없다고 말한다. 이 단일한 일자에서 신(지성 또는 누스)이 잉태된다. '단일함' 또는 '통일성'이 신에 앞선다는 뜻이다. 그렇다면 단일한 일자는 인식될 수 있을까? 일자는 인식할 수 없다. 즉 불가해하다. 왜냐하면 "앎 속에서 영혼 또는 마음의 통일성은 무너진다. 더는 단일자로 존재할 수 없다. 안다는 것은 사물을 고려하는 것이다. 그러한 고려는 다양성을 의미한다. 수와 다양성에 물든 마음은 통일성에서 멀어진다." 이러한 유출은 '헤노시스Henosis, 하나됨', 즉 일자와의 합일 상태로 경험된다. 우리가 "모든 외적인 것들에서 물러나서 온전히 내부로만 향할 때" 헤노시스가 일어난다.

《엔네아데스》마지막 부분에서 플로티노스는 그 문제를 이렇게 설명했다. "처음부터 둘은 없었으며, 보는 자가 곧 보이는 자였다. 보이는 것을 포착한 것이 아니라 통일됨을 파악하는 것이었다." 플로티노스는 고립, 고요와 침잠, 더 정확히 말하면 그렇게 되기에 대해 묘사한다. 플로티노스가 이어 말하길, "이것은 알면 볼 수 없다. 그것은 자기 자신에서 출발하며, 단순화이고 금욕이며, 맞닿으려 손을 내미는 행위인 동시에 휴식이자 조화를 위한 명상이다."

《엔네아데스》는 영혼의 고양에 대한 설명으로 끝을 맺는다.

완전한 공허는 영혼의 본성이 아니다. 맨 밑바닥에 악이 있고 어느 정도까지 내려가면 비존재가 있다. 하지만 완전한 무는 결코 있을 수 없다. 영혼이 다시 고양되기 시작하면 그것은 낯선 무엇이 아닌 바로 그 자신이 된다. 무엇에도 얽매이지 않고 초연하므로 오직 그 자신일 뿐이다. 스스로 챙겼으므로 존재의 질서에 얽매이지 않는다. 그것은 지고의 존재the Supreme 안에 거한다.

헤노시스의 단순화 과정(자기 분리 및 자기 수집)은 언어와 존재를 초월하므로 이를 경험하는 사람조차 제대로 설명할 수 없지만 결국에는 단일한 일자와의 합일로 끝난다.

플로티노스는 《엔네아데스》 제2권에서 오해를 피하고자 독자들에게 직접 책을 쓴 목적을 말한다. "이 책을 읽고 교리의 나머지 부분을 살피는 일은 독자 여러분에게 맡긴다. 여러분은 우리의 철학이 어떻게 다른 모든 훌륭한 자질과 더불어 소박한 성품과 정직한 사고를 고양시키는지 알게 될 것이다." 저자 본인은 《엔네아데스》가 거칠지만 사리에 맞고 논리가 깊고 신중하며 "세심한 증거"로 뒷받침된다고 말한다. 이러한 꼼꼼한 사고의 목적은 바로 단순한 생각과 행동에 대한 가르침이다.

가르침은 고대 철학의 핵심 정신이다. 소크라테스는 플라톤을 가르쳤고, 플라톤은 아리스토텔레스를 가르쳤다. 추상적인 지식의 습득은 철학적 가르침의 목표가 아니다. 그보다는 제자들을 변화시키고 더 나아가 개종시키는 것을 목표로 한다. 17세기 수학자이자 철학자인 블레즈 파스칼은 철학에서 철학적인 게 무얼 의미하는지 정확히 포착했다.

> 우리는 긴 학사 가운을 걸친 플라톤과 아리스토텔레스만을 상상한다. 그러나 이들도 다른 사람과 마찬가지로 친구와 어울리며 웃고 다니는 솔직한 사람들이었다. 그리고《법률Laws》과《정치학Politics》을 집필할 때도 이를 즐겼다. 단순하고 고요한, 가장 철학적인 그들의 삶에서 그때가 가장 철학적이지 않고 진지하지 않은 순간이었다.[6]

철학은 지적 게임 그 이상이다. 고대 철학사 연구의 권위자 피에르 아도와 그 이전 학자들의 저작에서도 볼 수 있듯이, 철학은 생활 방식이다.

파스칼은 생활 방식으로서, 더 단순한 삶을 위한 방편으로서 다시 철학에 주목했다는 점에서 옳았다. 비록 니체 같은 철학자는 가상의 인물을 빌려 "단순한 삶은 (…) 너무도 고결한 목표"로 현명한 자들을 위해 남겨두는 편이 낫다고 체념했지만 말이다. 니체에게 가장 '단순한' 철학자는 소크라테스였다.

크세노폰은 소크라테스의 제자 중 한 명으로 비교적 덜 알려진 인물이다. 소크라테스가 국교國教를 거부하고 새로운 신을 들여와 도시의 젊은이들을 타락시켰다는 혐의로 고소된 후, 크세노폰은 스승을 옹호하기 위해 글을 썼다. 이 옹호론은 그의 저서 《소크라테스 회상록Memorabilia》에 담겨 있다. 여기서 크세노폰은 소크라테스가 다른 사람과 나눈 일련의 대화를 소개한다.

소크라테스여, 나는 철학이 사람을 행복하게 해야 한다고 생각합니다. 그러나 당신이 철학에서 얻은 과실은 분명 행복과는 거리가 멀어요. 예를 들어 당신은 노예조차도 그의 주인을 저버리게 할 듯한 삶을 살고 있습니다. 당신은 가장 가난한 자들의 고기와 술을 먹습니다. 여름이든 겨울이든 맨발에 튜닉도 없이 항상 그 남루한 망토만 걸칩니다. 또한 당신은 돈도 거절하지요. 돈은 그 자체로도 즐거움이지만, 그걸 가지면 더 독립적이고 행복해지지 않나요? 다른 교수들은 제자들이 자신을 본받길 바랍니다. 만일 당신도 그런 생각이라면 자신을 불행의 교수로 여겨야 할 겁니다.

소피스트인 안티폰이 한 말이다. 여기 묘사된 소크라테스는 진리를 위해 목숨을 바친 고귀한 노철학자의 일반적인 이미지와는 거리가 멀다. 안티폰이 의도는 소크라테스의 철학으로는 행복을 얻을 수 없음을 알려, 그를 따르는 사람들을 떼어놓으려는 것이었다. 그는 철학이 재물의 결핍, 쾌락의 부정, 그리고 돈과 같은 관습에 대한 불신을 조장해서는 안 된다며 소크라테스를 반박한다. 소피스트 입장에서 수단과 욕구, 필요를 단순화하라는 말은 철학과 행복이 대립한다고 천명하는 것과 같았다. 크세노폰의 기록에 따르면 이에 대해 소크라테스는 다음과 같이 응답했다고 전한다. "안티폰이여, 당신은 행복을 호화롭고 사치스러운 것으로 생각하는 듯합니다. 그러나 나는 바라는 것이 없는 상태야말로 성스러운 일이라고 믿습니다. 가능한 한 적게 갖는 것은 신에게 더 가까이 가는 일이지요."

소크라테스가 설파하는 검약과 절제는 오늘날 우리가 말하는 '자기 통제', 즉 자기 이해와 직접적으로 관련이 있는 욕망의 통제에 의해 성취될 수 있다. 소크라테스가 행한 교제는 벗들과의 사상적 교류가 유일했다.

나의 즐거움은 (…) 좋은 벗이다. 나는 그들에게 내가 아는 모든 선을 가르치며, 도덕적으로 따를 만한 사람을 추천한다. 그리고 옛 선현이 남긴 보물 같은 글을 함께 탐독한다. 좋은 문장을 만나면 함께 발췌한다. 우리는 서로에게 유익한 존재가 되는 일에 열중한다.[7]

벗과 제자들, 그리고 그가 모르는 수많은 사람 모두 소크라테스의 자산이다. 다른 사람들의 저작도 물론인데 그는 여기서 유익한 사상을 캐내 모두와 공유한다. 이러한 지적 공동체 정신은 소피스트의 사치스러운 사적 소유 개념과 충돌한다. 또한 크세노폰은 소크라테스가 단순하게 언행일치의 삶을 살았던, 진정 행복한 사람이었음을 확인한다.

소크라테스 이후의 주류 철학 유파는 모두 욕망과 필요, 기질을 조절하고자 이런저런 단순성을 받아들인다. 물질적 풍요와 호사스러움을 선호하는 사람들에게 단순함은 그들의 허리를 조이는 도덕적 코르셋으로 작용한다. 그 밖의 사람들에게 단순함은 신체적, 정신적, 도덕적 건강을 위한 필수품이자 궁극적으로 더 건강하고 정의로운 사회에 기여하는 가치이다.

《국가론Republic》제4권에서 플라톤은 철인哲人 왕에 대해 묘사한다. "그렇다면 그런 사람은 분명 절제할 줄 알며, 결코 재물을 좇지 않을 것이다. 다른 사람은 돈과 큰 지출이 필요한 일들을 중요시하더라도 괜찮지만, 그는 그래서는 안 된다." 철학자는 겉으로 드러난 것 이상을 보는 사람이며 이성의 힘으로 욕망을 잠재우는 사람이다. 그는 통치하기에 적합한 사람이다. 마찬가지로 수호자—도시 통치자와 군인—의 삶 역시 화려하거나 무절제하지 않고 단순하다.

첫째, 그들 중 누구도 필요 이상의 사유재산을 소유해서는 안 된다. 둘째, 누구나 마음대로 드나들 수 없는 집이나 창고를 가져서는 안 된다. 셋째, 너그럽고 용감한 군인-전사의 생계를 위한 봉급은 부족하거나 과하지 않게 지급하되, 그들의 보호를 받는 시민들로부터 거둔 그해 세금에서 충당할 것이다. 넷째, 그들은 막사에서 군인들처럼 내무반 생활을 함께할 것이다. 우리는 말할 것이다. 그들의 영혼에는 신이 선물한 신성한 금과 은이 있으니 인간의 금은 필요 없다고.

《국가론》에서 플라톤은 지배 계급은 공동생활을 해야 한다고 권고한다. 사유재산과 부, 가족은 도시와 그 통치자의 단결과 화합을 위협하기 때문이다. 도시의 수호자가 금이나 돈을 소유하거나 사적 소유에 관여하면, 그들의 삶은 가사 관리인이나 농부와 다를 바 없다. 그들은 타인을 증오하는 데 에너지를 쏟고 외부의 적보다 내부의 적과 음모자를 더 두려워하게 될 것이다. 결국, 그들은 자신의 삶과 도시를 파멸시킬 것이다. 도시의 다른 구성원들 역시 소크라테스의 구상처럼 단순한 삶을 영위할 것이다.

그들은 빵, 포도주, 옷, 신발을 생산할 것이다. 그렇지 않은가? 그들은 집을 짓고 여름에 벌거벗은 채 맨발로 일하고 겨울엔 적절한 옷과 신발을 신는다. 그들은 밀가루와 보리를 반죽해 식사를 준비할 것이다. 그들은 정직하게 얻은 케이크와 빵을 갈대와 깨끗한 잎 위에 올리고, 주목나무와 은매화를 깐 침대에 비스듬히 기대고, 아이들과 함께 양껏 식사하고, 포도주를 마시고, 화관을 쓰고, 신을 찬양할 것이다. 그들은 성관계를 즐기지만 살림이 감당할 수 없을 정도로 아이를 많이 낳지는 않을 것이다. 기아나 전쟁에 빠지지 않도록 (⋯) 그들은 분명히 소금, 올리브, 치즈, 삶은 뿌리, 시골에서 조리해 먹는 채소류가 필요할 것이다. 물론 우리는 그들에게 무화과와 병아리콩, 콩과 같은 간식도 제공해야 할 것이다. 그들은 적당한 술을 겸하여 모닥불에 은매화와 도토리를 구워 먹을 것이다. 그래서 그들은 평화롭고 건강하게 살 것이며, 노년이 되어 세상을 떠나면 아이들이 이러한 삶을 물려받을 것이다.

이것은 모든 형태의 과잉이 금지되는 단순함의 나라이다. 여기서는 평화와 화합과 행복이 넘치며, 미래는 현재처럼 분명하고 예측 가능하며, 정의가 실현된다. 이런 단순한 삶의 방식은 국가의 '텔로스' 또는 최종 목적, 즉 정의와 분리될 수 없다.

소크라테스의 논쟁 상대였던 글라우콘은 정의로운 사람을 "단순하고 고귀하며 (⋯) 선한 사람이지만 스스로 그렇게 보이고 싶어 하지는 않는 이"로 묘사한다. 그래서 그들은 대가 없이 정의를 추구하고자 스스로 정의롭지 못하다고 생각한다. 부정한 사람으로 인식되면 극형, 심지어 고문에 처해질 수 있다. 이러한 사고 실험을 통해 글라우콘은 소크라테스에게 정의는 그 자체로 좋은 것인지, 아니면 보상에 끌리는 것뿐인지, 처벌에 대한 두려움 때문인지 묻는다. 이에 소크라테스는 정의는 단지 법, 규칙, 정해진 행동에 머물지 않는다고 답한다. 실제로 정의는 국가는 물론 개인 차원에서도 관찰된다. 사회적 정의와 개인적 정의, 이 둘은 구조적으로도 유사하다. 그렇다면 정의로운 나라에 사는 사람들은 모두 정의롭다고 말할 수 있을까?

소크라테스에 따르면 꼭 그렇지는 않다. 정의로운 개인이 정의로운 국가의 모든 율법을 준수해야 한다고 느끼지 않을 수 있고, 정의로운 국가에 오직 정의로운 개인만 사는 것도 아니다. 그럼에도 이상적인 정의 국가는 네 가지 특성을 가지는데, 이는 곧 시민이 갖춰야 할 기본 덕목으로 해석될 수 있다. 국가와 그 시민은 "지혜롭고, 용감하며, 절제하고 정의로워야 한다." 그중에서도 지혜 또는 지적 덕목은 다른 세 덕목의 바탕을 이룬다.

플라톤은 이렇게 썼다. "하지만 당신은 훌륭한 본성을 타고났으며 최상의 교육을 받은 소수만이 가능한 올바른 신념과 이해에 따르는, 단순하고 신중한 욕구와 만나게 될 것이다." 이상적이고 정의로운 국가, 용기와 지혜로 행동하고 판단하는 국가는 지성과 명예, 그리고 교육으로 완성되는 결단력이라는 축복을 받은 남성들로 구성된, 지적인 귀족 계급에 의해 통치된다.

절제는 지혜, 용기와 달리 지배계층 너머로 확장되는 덕목이다. 모든 시민은 재력과 처지를 불문하고 절제의 덕목으로 결속된다. 또한 시민은 절제를 기준으로 누가 그들 공동체를 다스릴지 합의할 수 있다. 절제란 사회적, 도덕적 균형추이자 단순하고 참된, 기교 없는 정치적 선택 과정이다. 정의가 시민 삶의 텔로스라면, 단순함과 절제는 유대감을 형성한다. 정의로운 국가는 단순하고 절제하는 통치자가 단순하고 절제하는 시민들을 통치하는 곳이다.

플라톤의 제자 아리스토텔레스는 검소함과 단순함에 대해 견해가 달랐다. 그는 행복한 사람을 완전한 미덕에 순응하며 사는 사람, "우연히 일시적으로 그러는 게 아니라, 일생에 걸쳐 외적 선善에 충분히 도달한 사람"으로 정의한다. 영적 최고선으로서 행복은 덕행에서 온다. 건강, 부, 권력 등은 최고선을 이루지는 못하지만 알맞게 갖춰질 경우 최고선에 기여할 수 있다. 어느 정도의 외적인 선(예컨대 재물, 친구, 권력 같은 것)은 덕행에 꼭 필요하다. 또한 그러한 선은 우리 삶에 아름다움을 더해 '축복' 받은 삶으로 이끈다. 외적 선, 특히 재물이 너무 많거나 적으면 행복에 부정적인 영향을 미친다.

아리스토텔레스는 외적 선 또는 재물을 얻는 네 가지 방법을 제시한다. 하나는 자연으로부터 직접 취득하기, 두 번째는 물물 교환, 세 번째는 금전 교환, 네 번째는 무역, 은행 거래, 또는 임금 노동이다. 가정이나 국가, 또는 이상적으로 이 둘 모두의 덕행에 기여한다면 그렇게 얻은 것은 선하다. 이러한 자연스러운 취득의 '텔로스'는 미덕이다. 부자연스러운 재물 획득은 결국 더 많은 것을 얻고자 하는 끝없는 갈증으로 끝날 것이다. 자연에서 직접 얻은 재물은 그것이 인간의 필요를 충족시키기 위한 것이

최소한의 삶
최선의 삶

라면 자연스럽고 선하다. 이와 반대로, 순전히 재물을 늘릴 목적으로 천연자원을 거래하는 것은 부자연스럽다. 자본 증식을 위한 거래는 한 사람의 탁월함 또는 덕—선한 삶을 위한 선결 조건—을 노예의 삶, 허약한 건강 상태와 맞바꾸는 일이다. 최악의 재물 취득 방식은 고리대금업이다. 그것은 "돈이 원래 목적한 바가 아닌 돈 자체에서 부를 얻기 때문이다."

사적 소유에 대한 아리스토텔레스의 입장은 플라톤의 공동체주의와 몇 가지 점에서, 특히 돌봄의 측면에서 중요한 차이가 있다. 아리스토텔레스는 《정치학》에서 "많은 사람에게 흔히 일어나는 일은 관심을 덜 받기 마련이다."라고 썼다. 법이 시민을 도덕적으로 만들 수 있다면 관용 같은 덕목으로 사적 재산의 공유와 공적 사용을 촉진할 수 있을 것이다. 플라톤이 주창한 공동 소유에서는 관용이 자연스럽게 생겨나지 않는다. 모든 것이 공동 소유라면, 다른 사람과 나눌 게 있겠는가? 이런 상황에서는 관용의 즐거움도 누릴 수 없다. 사적 소유물을 공유할지 여부는 소유자의 관대함에 달려 있다. 다른 사람에게는 그럴 권리가 없다. 그것은 공유를 허락하는 도덕적인 행위다. 자기 재산을 사용하라고 허락하는 것은 개인 의지의 도덕적인 표현이다.[8]

아리스토텔레스는 입법자들의 보호 아래 교육을 통해 이러한 자발적 관대함을 기르고 체질화시킬 수 있다고 믿었다. 물론 교육과 법, 그리고 체질의 상당한 변화가 필요할 수도 있다. 그러나 아리스토텔레스에게 단순하게 산다는 것은 그러한 삶을 기꺼이 받아들이려는 개인과 가정이 당면한 현실이다. 아리스토텔레스에게 단순한 삶이란 훌륭한 삶과 자아실현으로 가는 길이었다. 그러한 삶은 우리가 더 선한 일을 할 여지를 주고 더 좋은 사람이 되게 해 궁극적으로 우리의 잠재력을 최대한 끌어낸다.

고대 그리스 철학자들의 담론과 가르침에서 단순함과 검소함, 절제는 중요한 역할을 한다. 플라톤과 아리스토텔레스의 사례에서 볼 수 있듯이, 단순함은 또한 국가적 차원의 문제, 즉 정치의 문제이기도 하다. 오늘날 정치의 장에서도 단순함을 호소하는 목소리가 들려온다. 그러나 뒤에서 계속 살펴보겠지만, 우리의 수호자들(그렇게 부를 수 있다면)이 개인적인 소유와 명성을 포기하고 단순한 삶의 방식을 채택하리라곤 상상하긴 어렵다. 이들이 사유재산을 베풂의 즐거움을 경험하고 나눌 기회로여길 것 같지 않다.

공동체주의는 지향적 공동체 또는 과거의 유물로 격하되었다. 느슨하게 정의함으로써 실패한 역사적 시도인 공산주의를공동체주의로 보는 관점이 급속히 확대되었다. 무엇보다도 정치적 담론에서 단순성이 빠진 것 같다. 등장한다 해도 늘 '단순주의simplism'라는 위험한 형태이다. 정치가야말로 우리가 일상적으로 보는 단순주의자들이다. 그러나 늘 그랬던 것은 아니다. 한로마 황제는 단순함을 삶의 양식이자 통치의 수단으로 삼았다.철학자이기도 한 그의 이름은 마르쿠스 아우렐리우스로, 사적으로나 공적으로 지극한 스토아학파였다.

스토아학파에게 단순함은 그 자체로 목적이 아니라 행복과 자기 이해를 증진하려는 수단이자 좋은 삶, 즉 '에우다이모니아 eudaimonia'로 나아가는 길이었다. 좋은 삶이란 찰나의 기쁨이 아니라, 오랫동안 절제와 미덕을 실천함으로써 도달할 수 있는 것이다. 스토아학파와 에피쿠로스학파는 몇 가지 공통점이 있다. 무엇이 좋은 삶을 구성하며 그것을 어떻게 실천할 수 있는지에 대해서는 입장이 다르지만, 양쪽 모두(에피쿠로스의 분류에 따르면) 자연적이거나 비자연적인 또는 공허한 정념과 욕망을 다스리는 법을 가르침으로써 영혼이 무방비 상태에서 정념에 휘둘리지 않게 한다. 이들 학파는 매사에 있어 절제를 목표로 훈련했지만 여기서 단순함은 핵심 덕목이 아닌 통제의 수단으로 여겨졌다. 하지만 특이하게도 마르쿠스 아우렐리우스는 예외였다.

그의《명상록Meditation》은 그레코로만 철학서 중에서 오늘날 대중에게 가장 널리 알려진 작품일 것이다. 스토아학파로서 마르쿠스 아우렐리우스는 자기 수양과 '정념pathê'의 극복을 주장하며 이로써 지켜보는 사람이 없을 때도 스스로 통제할 수 있다고 말했다. 자기 수양은 일련의 구속 원리 또는 규칙이 아니라, 우리를 정념 속박에서 자유롭게 하는 해방 훈련이다. 자기 수양은 우리가 판단할 때 이것이 건전한지, 즉 신과 인간이 공유하는 보편 원리인 이성에 부합하는지 지속적이고도 세심한 관심을 쏟도록 한다. 스토아학파는 모든 물질적 재화를 완전히 포기할 것을 주장한 것이 아니라, 합리적인 수준에서 신중히 이용해 재물이 반대로 사람을 통제하는 일은 없도록 해야 한다고 주장한다. 스토아학파는 아마도 고대의 다른 어떤 철학 학파보다도 자유를 더 중요시했을 것이다.

마르쿠스 아우렐리우스의 《명상록》은 스토아학파의 교리서가 아니라 좋은 삶에 대한 사적 기록을 모은 것이다. 황제의 단상들은 전반적으로 교조적이기보다는 분석적이고 자기 성찰적이다. 자기 이해는 혈통을 아는 것에서 시작한다. 아우렐리우스는 자신이 아버지와 할아버지로부터 신실함과 강인함을 물려받았다고 회상한다. 그리고 그는 어머니의 "단순한, 부자와는 전혀 다른 삶의 방식"을 존경했다.

마르쿠스 아우렐리우스는 어머니에 대한 간결한 묘사에서 '리톤λιτόν'이란 그리스어를 사용했다. 미국의 고전학 연구자 그레고리 헤이즈는 이 단어를 '단순한simple'으로 번역했다. 정확하면서도 역사 문화적 상황을 잘 반영한 번역이다. 헤이즈는 '하플로스ἁπλῶς'라는 단어를 '솔직한straightforward'으로 번역한 반면, 18세기에 《명상록》을 번역한 프랜시스 허치슨과 제임스 무어는 이를 번역할 때 '단순한simple'이란 형용사를 선호했다. 'Ἀπλῶς'를 음역한 '하플로스Haplôs'는 정신의 단일성, 정직, (존재의) 유일성 등과 관련한 여러 의미를 포괄한다. 《명상록》제9권 15장에서 마르쿠스 아우렐리우스는 이 '하플로테스Haplôs, ἁπλότης'라는 단어를 설명하는데, 이 부분을 헤이즈는 다음과 같이 번역했다.

"들어봐요, 숨김없이 다 말하겠어요."라고 하는 사람들의 비열한 거짓. 대체 무슨 말을 하고 싶은 것인가? 그것은 말로 전해질 필요가 없다. 이마에 또박또박 적혀 있는 것처럼 분명해야 한다. 당신의 목소리에서 들을 수 있어야 하고 당신의 눈에서 볼 수 있어야 한다. 그저 얼굴을 한번 쳐다보기만 해도 모든 것을 알아채는 연인처럼. 솔직하고 진실한 사람은 향내를 풍기는 사람과 다르지 않다. 그와 한방에 있는 것만으로도 알 수 있는 것이다. 그러나 가짜 솔직함은 등 뒤에 숨긴 칼과 같다.

거짓된 우정이 그중에서도 가장 질이 나쁘다. 그것만은 어떻게든 피하라. 당신이 진실하고 솔직하며 선의를 품고 있다면 그것은 당신의 눈에서 이미 드러난다. 결코 못 보고 지나칠 수 없다.

마르쿠스 아우렐리우스에게 단순함 또는 솔직함은 겉으로 드러나야 하는 것, 즉 육체적으로(여기서는 눈으로) 표현되고 깊은 인상을 남기는 것이다. 단순함 또는 솔직함은 성격 그 이상이다. 그것은 덕을 분명하게 전하는 능력이고 그렇게 함으로써 도덕적으로 행동하는 능력이다. 이는 스토아학파에게 특히 중요하다. 인식은 이들 철학과 삶의 방식에서 핵심적이기 때문이다. 당신이 길을 잃고 헤매는 이유는 당신이 인식한 무엇 때문이 아니다. 어쩌면 인식 자체가 당신이 보는 사물을 왜곡하는지도 모른다.

잘못된 인식은 사물이나 사건에 대한 잘못된 해석 때문에 이중으로 나빠질 수 있다. 어떤 사건이 일어나면 여기에 대한 해석이 덧붙는데, 이는 대부분 불필요하며 외려 당신 삶의 선량함과 평화를 가로막을 수 있다. 스토아 철학은 사물을 단순하게 인식하는 법을 가르쳐 실체와 해석을 구분하게 한다.

《명상록》에서 발췌한 앞의 구절은 또한 표현의 경제성을 강조한다. 모호해서는 안 되며, "한번 쳐다보기만 해도" "모든 것"을 알아챌 수 있을 만큼 명료해야 한다. 메시지가 간결할수록 오해의 여지나 오류 가능성이 줄어든다. 우정이 좋은 예이다. 다른 사람, 특히 친구와의 소통에는 《명상록》의 표현을 빌리자면 말로나 후각, 시각적으로 오해의 여지가 있어서는 안 된다. 그렇지 않으면 그 관계는 잘못과 갈등으로 가득 찰 것이다. 단순함은 의사소통과 대인관계에서 필수적이다.

거짓된 단순함은 치명적인 악덕, 즉 "등 뒤에 숨긴 칼"이다. 스토아 윤리학에서 거짓된 단순함은 그것을 저지른 사람에게도 해를 끼치는 의지 또는 행위이다. 진정한 단순함과 정직성이야말로 솔직하고 단순한 철인-황제가 좋은 삶을 영위하기 위해 필요한 미덕이었다.

마르쿠스 아우렐리우스는 오랫동안 스토아학파로 여겨졌고 그럴 만하지만, 그는 배움의 과정에서 특정 학파로 분류되지 않는 사상가와 자유주의자들을 포함해 다양한 학파의 철학과 철학자들을 접했다. 《명상록》에서도 그러한 사상가 중 한 명을 언급한다.

최소한의 삶
최선의 삶

구운 고기와 호화로운 음식들 앞에서 문득 깨닫는다. 이것은 죽은 물고기, 죽은 새고, 죽은 돼지일 뿐이다. 여기 이 향기로운 포도주는 포도에서 짜낸 즙이고, 자주색 예복은 조개껍데기 염료로 물들인 양털이다. 사랑을 나누는 행위, 그것은 성기를 문지르다 짧은 경련 뒤에 탁한 액체를 분비하는 일이다.

인간의 인식은 이처럼, 사물에 천착하고 깊숙이 들여다보아야 실재를 볼 수 있다. 우리가 항상 마음에 담아두어야 할 일도 이와 같다. 있는 그대로 드러내고 그것을 둘러싼 전설을 벗겨내, 그 실재가 얼마나 무의미한지 직시해야 한다.

자만은 속임수의 명수다. 당신이 뭔가 중요한 책무를 맡고 있다고 생각한다면 바로 그때 속임수에 빠진 것이다.

(크라테스와 크세노크라테스에 대한 비교).[9]

괄호에서 언급된 크라테스Crates는 잘 알려진 견유학파 철학자로, 스토아학파의 창시자인 키티온의 제논의 스승이다. 이 내용은 인식에 대한 것으로 호명의 단순화에 관한 것이다. 여기서 마르쿠스 아우렐리우스는 도축되어 원래의 형태를 알아볼 수 없게 된 돼지를 돼지고기가 아닌, 죽은 돼지로 부르자고 한다. 포도주도 숙성을 거치지 않았다면 그저 포도즙일 뿐이다. 치안판사와 집정관, 그리고 황제에게만 허용되는 자주색은 바다고둥 점액 추출물이다. 성행위는 단지 체액 분비를 일으키는 마찰일 뿐이다.

마르쿠스 아우렐리우스는 산을 산으로 부르고 물을 물이라 부르는 것 이상을 말한다. 그는 말과 사물을 떼어놓는 통념과 부차적인 상징을 벗겨낸다. 그는 불필요한 상징, '돼지고기'와 같은 간접적 단어, 훗날 루소도 언급한 숙성과 염색 같은 탈자연화 과정을 폭로하고 폐기한다. 솔직함과 단순함은 언어와 그것이 표상하는 현상을 잇는 최단 거리를 찾는 일이다. 언어에 상징을 입히고 날것을 변형하는 데서 해석과 오류의 여지가 생긴다. 언어는 단순할수록 좋다. 이는 스토아학파와 견유학파의 공통된 주장이다. 그 외에는 이견이 많다.

스토아학파의 목표는 자연에 순응하며 사는 것이다. 이런 생각은 여러 해석과 논쟁을 불러일으켰다. '로고스Logos' 개념의 해석에서도 학파 간 차이가 있다. 스토아학파에게 우주와 자연계를 비롯한 모든 사건, 과정, 변화, 그리고 시스템은 '로고스'라 불리는 조화로운 원리의 일부이다. 이런 맥락에서 자연에 순응하며 산다는 것은, 세상을 바로 그것이 되도록 하는 사건의 흐름에 맞춰 산다는 것을 의미한다. 그러나 자연에 순응하며 사는 것은 또한 자신의 본성, 즉 우리 인간의 본성에 따라 산다는 것을 의미한다.

스토아학파에 따르면 인간의 본성은 이성에 의해 정의된다. 이성에 따라 사는 것은 자연, 즉 인간 본성에 따라 사는 것이다. 다만, 여기서 쉽게 결론 내릴 수 있는 주제는 아니지만 자연 회귀 사상이나 그러고자 하는 욕망의 효시가 스토아학파라는 견해는 지나친 해석일 수 있다. 견유학파에 대해서도 마찬가지다.

마르쿠스 아우렐리우스의 《명상록》에 언급된 크라테스를 포함해, 견유학자들도 이와 비슷한 신념이 있었다. 자연에 순응하는 삶은 그들 철학의 핵심이었다. 그러나 견유학파는 스토아주의자라면 경멸할 만한 삶의 방식을 택했다. 스토아학파와는 달리 견유학파는 우주와 지구, 생명체를 탐구하여 자연철학을 발전시키는 데 관심이 없었다. 그들은 자연을 지금 눈앞에 있는 것으로 여겼다.

고대 그리스의 철학자이자 연설가 디온 크리소스토무스는 〈디오게네스 또는 폭정〉이라는 담화문에서 견유학파의 논증을 빌려 인간에게 화려한 옷이나 값비싼 요리와 같은 사치품은 필요 없다는 것을 증명했다. 디오게네스는 바깥에서 추위로 떨고 있지만 그것은 한겨울 집 밖으로 나갈 엄두조차 못 내게 하는 고통에 대항하여 스스로 신체를 단련하고 있는 것이다. 디오게네스는 옷 한 벌이면 충분했다. 그는 신발도 신지 않았다. 그는 마치 날짐승처럼 개울물을 마셨다. 굳이 값비싼 포도주를 즐기는 이들과는 달랐다. 이주하는 동물들이 본능적으로 그리하듯, 디오게네스도 이리저리 떠도는 삶을 살며 계절 변화의 난관을 헤쳐나갔다.

자연의 미덕과 아름다운 독창성을 보면, 동물이 한다면 인간도 할 수 있다고 결론 내릴 수 있다. "그렇지 않다면, 태초의 인간이 어떻게 살아남았겠는가? 불도 집도 옷도 없고 야생 외에는 먹을 것도 없지 않았는가?" 그러나 인류는 자신이 만든 발명품 때문에 자연을 향한 욕구와 자연의 풍요로움에서 멀어지고 결국은 타고난 독창성마저 스스로 배반하는 결과를 낳는다. 인간의 독창성은 용기와 정의를 함양하기보다는 쾌락의 도구들을 고안하는 데 쓰이고 있다.

고대 그리스의 전기 작가 디오게네스 라에르티오스는 시노페의 디오게네스와 견유학파의 실용적이며 자연스러운 영혼을 엿볼 수 있는 일화를 들려준다. "어느 날 디오게네스는 한 아이가 양손에 물을 받아 마시는 것을 보고는 주머니에서 잔을 꺼내 내던지고는 말했다. '검소한 삶에 관한 한 아이들이 나보다 한 수 위다.'"[10]

견유학파는 자신이 속한 자연계에 대한 예리한 관찰자였다. 그들은 자신이 본 것을 통해 배웠다. 그들은 과한 것과 인위적인 것, 불필요한 관행을 버리고 자연과 아이들의 단순한 효율성을 모방하는 법을 배웠다. 견유학자들은 자연에서, 관습이나 잘못된 욕구의 때가 묻지 않은 순수함 속에서 단순성을 발견하고 이를 통해 스스로를 돌아보았다. 자연은 무엇이 과하고 충분한지, 또는 무엇이 순수한지를 결정하는 기준 또는 규범이 된다.

현재 견유학자의 글은 남아 있지 않다. 우리는 그들의 사상을 다른 문헌에서 간접적으로 접할 수밖에 없다. 여기에서 그들은 이 땅의 율법을 거부하며, 대신 자연의 우연성을 선호하는 괴짜

들로 그려진다. 시노페의 디오게네스는 한여름에도 항아리 안에서 살지 않았던가? 마치 개처럼 다른 사람들이 보는 앞에서 먹고 마시지 않았던가? 자연의 부름을 받을 때마다 장소를 가리지 않고 수음을 하며 도덕률을 비웃지 않았던가? 그러나 견유학파의 윤리는 기행 이상의 의미가 있다. 그들이 무엇을 했든 거기에는 이유가 있었다. 대중의 눈에는 개와 다를 바 없는 삶일지 모르나, 그것은 사회적 관습과 풍속에 대한 포기를 의미한다.

극빈함 속에서 고난과 직면하는 삶은 견유학파가 '포노스ponos'라고 부르는 훈련의 일환이다. 그러면서 그들은 자연이 자신을 드러내는 모든 방식을 감내한다. 관습과 타인의 시선에서 벗어나면 단순한 욕망은 손쉽게 즉시 충족시킬 수 있다. 단순하게, 지금 주어진 것만으로 지금을 사는 것은 덕의 조건이다. 바로 지금을 채우기에 필요한 단순한 욕망만 있다면 누가 전쟁을 일으키고, 침략하고 범죄를 저지르겠는가?

견유학파는 사회적 제약과 자연적이지 않은 욕구의 족쇄에서 해방된 자유로운 인간이었다. 이는 그들의 자급자족하는 삶과 자유로운 담화, 즉 '파레시아parrhēsia'에서도 잘 표현된다. 파레시아는 "물은 물이요, 산은 산이다." 수준을 넘어서, 대놓고 지위 또는 계급을 거부하며 어떤 상황에서도 진실을 말하는 것이다. 견유학파는 현재적 순간의 법칙을 따르고 모든 행동과 표현에 자유를 허용함으로써 얌전한 시민들 사이에서 눈에 띄는 독보적 존재가 되었다.

시노페의 디오게네스는 출신을 묻는 질문에 "나는 세계 시민이오."라고 답한 것으로 유명하다. 그의 집은 시노페가 아니었고, 시노페의 법을 따르지도 않았다. 디오게네스는 시노페나 그외 어느 도시 국가보다 큰 세계에서 살았다. 그는 한 도시의 법에 구속되지 않는 자유인이며, 그가 따르는 유일한 법은 자연 또는 우주의 법이었다.

율리아누스 황제는 견유학파에 대해 다음과 같이 썼다. "이러한 철학을 받아들이는 사람은 언제나 있었다. 어떤 면에서 견유학파의 주장은 보편적인 철학이고 가장 자연스러운 철학이다." 견유학파의 유산은 스토아주의를 넘어서 기독교와 계몽철학에도 이어졌다. 히에로니무스는 《요비니아누스 비판Against Jovinianus》에서 검약과 금욕에 대해 쓰면서 막대한 부를 포기한 견유학파 사람인 안티스테네스, 시노페의 디오게네스와 크라테스를 칭송했다. 히에로니무스에 따르면 디오게네스는 "인간의 본성을 정복했다는 점에서 알렉산더 대왕보다 위대했다." 또한 그는 "철학자는 비율법적 절제"를 형상화한다고 썼다. 교부들은 견유학파의 음란함, 특히 공공장소에서의 성적 행위를 비난했다. 그러나 일부 기독교 신학자들은 견유학파들의 단순한 삶의 방식에서 배울 점을 찾았다. 견유학파의 궁핍한 생활은 금욕적으로 살려는 이들이 본받아야 할 덕목으로 칭송받았다.

자급자족하며 하고 싶은 말은 무엇이든 하는, 수치를 모르는 삶이 신에게 헌신하기로 선택한 삶과 완전히 동등하다고는 말할 수 없다. 견유학파들의 단순한 삶에 대한 일화는 기독교인들이 실천한 더 고차원적인 형태의 단순함과 대비되는 경우가 많다. 근대 초기에 단순성은 가장 기독교적인 미덕으로 칭송되었다. 반면 견유학파들은 조롱의 대상이었고, 그들의 이름은 교회의 방식을 따르지 않는 종파를 모욕하는 데 사용되곤 했다.

역사서와 사전들이 서가를 채워가던 18세기 초, 앙드레 프랑수아 부로데스랑드는 중요한 철학사 책을 썼다. 《역사Histoire》에서 그는 단순히 철학자나 철학의 연대기 구술을 넘어서, 잘 생각하는 것이 잘사는 것임을 보여주고자 했다. 이 책 2권에서 부로데스랑드는 여러 페이지에 걸쳐 견유학파를 서술했다. 먼저, 그는 크라테스 같은 고대 견유학파들이 바다에 재물을 던져버리거나 공공장소에서 간음하는 등 공동의 가치와 도덕성에 반하여 저지른 범죄를 열거했다. 부로데스랑드는 법이 관습적이고 독단적이라는 견유학파의 견해에 반론을 제기하지만 도덕관념이 없다고 해서 꼭 순결, 또는 감정과 의지적 요구를 무시하는 것은 아님을 상기시킨다. 이런 견해를 받아들인다면 18세기 학자들이 견유학파가 육체와 영혼으로부터 독립했던 점이나 자기들을 모욕하든 말든 신경 쓰지 않았던 태도를 칭송하지 않을 이유가 없다. 부로데스랑드는 그 무엇도 견유학파들을 흔들 수 없다고 썼다. 그는 디오게네스가 궁전이 아닌 항아리에서 살기로 한 점을 칭송했다. 견유학파들은 태어났으니까 살아야 한다고 말했다. 그들은 삶과 죽음을 두려워하지 않았다.

부로데스랑드는 서력기원 시대 디오게네스의 유산을 추적하기에 앞서 수도자와 견유학파의 공통점에 대해 언급했다. 부로데스랑드에 따르면 견유학파의 유산은 여러 기독교 종파들—에비온파, 마니교, 아담파, 베긴회, 투르루핀파, 발도파, 플래질런트(채찍질 고행자), 우밀리아티파, 순결파, 파테린스, 재세례파, 메노파, 퀘이커교 및 프랑스예언자파—에서 찾아볼 수 있다. 그에 따르면 이 모든 종파는 기독교적 견유학파로, 모두 정통 기독교 주변부에 존재했다.

일부는 벌거벗은 삶을 옹호하고 실천했으며(아담파와 투르루핀파), 일부는 자발적 빈곤을 설파했고(에비온파와 베긴회), 일부는 결국 모든 인류가 구원받는다는 만인 구원설을 공언했으며(프랑스예언자파), 또한 일부는 견유학파들이 그랬던 것처럼 쉬운 말로 자유롭게 발언했다(퀘이커교). 이들은 단순성을 실천했다. 기독교 신을 믿었던 소위 신新견유학파의 주장을 알아보기 전에, 기독교적인 삶을 받아들여 단순함 속에서 이를 온전히 실천한 이들의 삶을 알아보도록 하자.

최소한의 삶
최선의 삶

제2장

단순함 속에서 걷기

SIMPLE

우스라는 곳에 한 사람이 있었는데 그의 이름은 욥이었다. 그는 완전하고 진실하며 하느님을 두려워하고 악한 일은 거들떠보지도 않는 사람이었다. —《욥기》 1장 1절**1**

구약 성서에서 욥은 단순함과 하느님에 대한 흔들림 없는 믿음을 가진 인물로 그려진다. 그의 중요한 도덕적 자질인 '온전함' 및 '정직함'은 라틴어로 쓰인 불가타^{Vulgata} 성서의 '심플렉스_{simplex}'와 '렉투스_{rectus}'를 번역한 단어다. '심플렉스'는 원래 히브리어로 자체적인 완전함과 무결성을 뜻한다. 상대적인 완전함은 타인과의 비교에서 나오지만 욥의 완전함은 충직함에서 나온다. 욥은 그 자체로 결함 없는 완전한 존재이므로 '단순'하다. 그는 신의 정의에 복종하므로 정의롭다. 단순하고 충직한 욥은 모든 것을 잃은 후에도 신의 정의를 의심하지 않았다.

다른 성서들과 달리,《욥기》는 지켜야 할 율법이나 의례를 알리지 않는다. 그것은 단순한 삶을 살면서 진정한 정의를 받아들이고 영적, 육체적으로 완전함을 보존한 신실한 이들의 삶을 이야기한다. 여기서 단순함은 완전함, 정의와 짝을 이룬다. 또한 《욥기》는 끝까지 정의로운 길을 가려는 순수한 의지를 알린다.

단순한 도덕적 강직함, 의지, 그리고 순교자의 고난은《마카베오기》* 제1권에서 히브리 율법을 지키려 광야로 도망간 유대인 반란군이 안식일에 안티오코스 4세 군대에게 공격받는 순간에도 잘 묘사되어 있다. "우리 모두는 우리의 단순함 속에서 죽을 것이다." 동굴에 모인 유대인 반란군은 안식일에 전투를 벌이길 거부했다. 그들은 종교적 신념으로 적들과 용감히 맞섰다.

모범적인 이 죽음은 그들이 단순하고 정의로운 신자로서 자신들이 섬기는 신을 거역하지 않았음을 증명한다. 단순함은 그들 의지의 특성이었으며 영혼과 행동 그리고 말을 지배하는, 자신보다 더 큰 힘에 복종하려는 엄격한 순종의 표현이었다. 자기 신념과 신의 뜻에 스스로 죽음을 선택하는 순교자는 단순함 속에서 죽는다. 순교자는 죽음의 순간 궁극적인 완전함과 단순함을 발견한다. 그러나 안티오코스의 칼 아래 수많은 사람이 죽었

* 일부 기독교계에서 인정하는 구약 성경. 페르시아 제국의 멸망과 유대인들의 저항에 대해 쓰고 있다.

다는 소식이 전해지자 지도자인 마타티아스는 안식일 율법을 어기더라도 생명을 구하겠다고 다짐한다. 금욕과 순교가 늘 단순함과 맞아떨어지는 것은 아니다. 삶의 양식으로 단순함을 받아들인, 흔들림 없는 신념을 가진 다른 많은 보통 사람들이 그런 것처럼, 많은 성인聖人들도 오랜 세월 단순하게 살다가 평화롭게 죽었다.

가톨릭 교리 문답에서 단순함은 사추덕이나 향주덕이 아니다.** 그럼에도 단순함은 기독교 윤리에서 중요한 자리를 차지하고 있다. 정본 성서와 외경에서 단순함은 겸손, 무결함, 순명, 순박함, 정직, 선의 등 다양한 덕을 포괄하는 개념이다. 이러한 덕들을 가진 심성을 묘사할 때는 흔히 형용사 '단순한'이 사용된다. 무엇보다도, 단순한 심성은 관대하다. 자유롭고 넓다. 오로지 너그러운 마음만이 단순하다.

저의 하느님, 저는 당신께서 사람의 마음을 살피시고 정직함을 좋아하시는 것을 잘 압니다. 그래서 저는 정직한 마음으로 이 모든 예물을 바쳤습니다. 이제 여기에 있는 당신 백성도 당신께 예물을 바치는 것을 보니 기쁩니다.

** 사추덕(四樞德)은 윤리덕에서 가장 중요한 네 가지 덕인 지智, 의義, 용勇, 절節을, 향주덕(向主德)은 하느님을 향한 세 가지 덕인 믿음, 희망, 사랑을 일컫는다.

하느님은 단순함, 정직함 그리고 정의를 사랑한다. 이스라엘 역사를 기술한 《역대기》 상권에서 다윗왕은 주는 일, 즉 신이 내린 선물이 아닌 사람이 신께 바치는 선물의 본질에 관해 묻는다. 사람이 가진 모든 것은 태초에 하느님이 주신 것인데 사람이 어떻게 신에게 무언가를 줄 수 있겠는가? 그저 '돌려주는' 것이 아닌가? 단순한 마음은 무엇이 주어졌는지는 물론 어떻게 주어졌는지 괘념치 않는다. 단순한 마음은 기꺼이 그리고 기쁜 마음으로 준다. 주는 것은 주는 것일 뿐 거기에 다른 의미는 없다. 단순한 마음이 기꺼이 베풂을 행하면서 얻은 기쁨과 호의는 그 마음을 더 단순하게 만든다. 사도 바오로는 단순한 마음으로 베풂에 관해 설명한다. 《로마서》 12장 6절부터 8절에서 바오로는 은혜대로 받은 은사에 의거해 자기 자신을 '냉철하게 생각하라'고 말한다.

우리에게 주신 은혜대로 받은 은사가 각각 다르니 예언이면 믿는 만큼 예언을 행하라. 섬기는 일이면 섬기는 일로, 가르치는 자면 가르치는 일로, 위로하는 자면 위로하는 일로 행할 것이며, 구제하는 자는 단순함으로(in simplicitate), 다스리는 자는 부지런함으로, 긍휼을 베푸는 자는 즐거움으로 그리할 것이니라.

불가타 성서에서 라틴어 'in simplicitate'는 '아낌없이'로 번역할 수 있지만, 《로마서》 12장에서는 태도보다는 행위에 더 주목했다. 베풂을 행하는 단순한 마음은 소유하지 않기에 얽매이지 않는다. 베푸는 사람은 자기 것이 아니므로 간단히 나눌 수 있다. 단순한 베풂은 가진 것을 주는 게 아니기에 그저 주는 행위이다. 베푸는 자는 간단히 베풀 수 있는 재능이 있기에 나눈다.

구약 성서의 외전 중 하나인 《솔로몬의 지혜The Wisdom of Solomon》 또는 《지혜의 책Book of Solomon》은 원래 그리스어로 기록되었으며, 그리스 철학에 정통한 저자가 쓴 것으로 알려졌다. 이 책은 통치자들에게 전하는 말로 시작한다.

> 그대들, 재판관들이여, 의를 사랑하라. 선함(마음)으로 야훼를 생각(sentite)하고, 단순함으로 그를 구하라. 이는 주를 시험하지 않는 자들을 찾기 위함이며 그를 믿지 않는 자에게 자신을 보여 주려 함이라.**2**

이 권고는 선한 마음과 단순한 마음을 구분한다. 둘 다 선과 순수를 불러오지만 그중에서도 단순한 마음은 경험보다는 추구, 부재와 관련이 깊은 이성적 또는 감각적 경험이다. 이 두 가지 의미는 모두 라틴어 '센티테sentite'에 내포되어 있다. 즉 선한 마음은 경험이고 단순한 마음은 추구이다. 구하는 마음은 계시의 가능성이 부재한 곳에서도 나타나며, 그 단순함으로 부재 안에서 존재 가능성을 본다. 단순한 마음은 있는 것과 없는 것을 구분하지 않는다. 그것은 선한 마음의 역할이다. 또한 단순한 마음은 통일시키지 않는다. 단순함 속에서는 모든 것이 하나이며 아무것도 분리되지 않기 때문이다.

교회사 변방을 살펴보면 초기 기독교에서 단순한 삶의 사상을 조명한 문헌들을 찾아볼 수 있다. 그중에서도 특히 눈길을 끄는 것은 《단순함에 대한 이싸갈의 언약Testament of Issachar Concerning Simplicity》으로, 《12성조의 언약들Testaments of the Twelve Patriarchs》 또는 《야곱의 열두 아들Twelve Sons of Jacob》을 이루는 12권의 외경 중 하나다. 《언약들》은 13세기에 라틴어로 번역되었지만 300년 후 정경正經*에서 제외되었다.

《창세기》 25장 27절은 야곱을 장막에서 사는 'simple man^{vir} simplex'으로 묘사한다. 야곱은 자기처럼 농부가 된 이싸갈을 축복했다. 그 또한 단순하게 살았으며 눈 속에 단순함을 담고 있었기 때문이다. 다섯째 아들 이싸갈**은 경의와 너그러움으로 가득 찬 사람이었으며, 처음 거둔 경작물은 주님께 바치고 아버지에게 주고 남은 것만 자기 몫으로 했다. 이에 주님은 이싸갈의 수확량을 두 배로 늘려 주셨다. 이들 부자가 보인 단순함은 주님이 보낸 뜻밖의 선물이었다. "야곱은 또한 주께서 단순함을 도우셨다는 것을 알았다. 단순한 마음으로 가난한 사람, 그리고 모든 고통받는 이들과 지상의 선물을 나누었다."

* 공식적인 기독교 경전으로 여기에 포함되지 않는 것은 외경(外經)이라고 한다.
** 아내 레아의 다섯 번째 아들로 서열로는 야곱의 열두 아들 중 아홉 번째이다.

주의 도움은 이싸갈의 단순함을 해치지 않는다. 오히려 신의 손길이 미쳤다는 것은 그가 단순한 사람으로 선택되었음을 보여주는 증거다. 《언약》에서 마음의 단순함은 베풂에 따르는 은사다. 이싸갈의 자손들도 그의 단순함을 이어받는다. 그는 자손들에게 이렇게 조언했다.

그리고 나의 자녀들아, 내게 귀를 기울이고, 단순한 마음을 향해 가라. 이는 내가 그 안에서 주님을 기쁘게 하는 모든 것을 보았기 때문이다. 단순함은 금을 탐내지 않으며, 네 이웃을 속이지 않고, 산해진미를 바라지 않고, 화려한 의복에 기뻐하지 않으며, 장수를 그리지 않고, 다만 주의 뜻을 기다린다. 죄 많은 영혼은 결코 주에 대항할 힘을 가지지 못한다. 성적 아름다움에 대한 미혹이 없으므로 결코 마음을 더럽히지 않는다. 시기심이 스미지 않고 질투심으로 영혼을 물들이지 않으며 끝없는 갈망으로 돈벌이에 몰두하지 않는다. 올곧은 삶을 살고, 모든 일을 단순함으로 살피며, 하느님의 계명에 어긋나는 것들을 보지 않고자 잘못된 세상에서 비롯하는 악을 눈에 담지 않는다.

단순한 마음은 그것을 소유하는 사람뿐만 아니라, 마음이 저절로 단순함을 따르는 이, 즉 주님을 즐겁게 한다. 단순한 사람은 모세의 십계명을 따른다. 다른 사람의 재물을 탐내지 않고, 남을 속이지 않으며, 가지지 않은 것을 갈망하지 않고 사치를 즐기지 않는다. 이싸갈은 단순함을 통해 세상의 모든 유혹을 뿌리치며 기꺼이 도덕적 규범에 순종한다.

　단순한 사람은 오직 하느님의 뜻만 침투할 수 있는 요새와 같다. 그는 세상에서 오직 선함만을 본다. 그것은 세상이 모두 선하기 때문이 아니라, 오로지 '단순한 마음으로' 세상을 보기 때문이다. 그리하여 악의가 그의 눈으로 들어와 마음을 어지럽히는 것을 막는다. 단순한 눈은 모든 것을 보지만 오직 선함만을, 하느님을 기쁘게 하는 것만을 받아들인다. 단순한 눈을 가진 사람은 악으로부터 충실한 신앙을 지키고자 무엇을 볼지 선택한다. 하여, 이 땅이 그에게 부여한 모든 것을 단순함으로 하느님과 함께 나눈다.《언약》에서는 또한 다음과 같이 말한다.

　　그러므로 나의 자식들아, 주의 법을 지키고 단순함을 얻을 것이며 정직한 길을 걸어라. 주의 계명을 의심하지 말고 네 이웃의 일에 관여하지 말 것이며, 오직 주와 네 이웃을 사랑하고, 가난하고 힘없는 자를 불쌍히 여기라. 수확에 허리 숙여 감사하고 주께 선물을 올려라. 이 땅에 맺힌 첫 번째 열매는 주의 축복이니라.

　이는 하느님의 계명을 사랑으로 받아들여야 함을 기록한 것이다. 이싸갈은 주의 명령을 의심하지 말며 사랑과 연민을 품을 것을 말한다.《언약》에 담긴 가르침은 농사, 즉 땅을 일구며 주가 그들에게 선사한 것들을 다시 주에게 되돌리는 일을 찬미하면서 끝맺는다. 단순함은 수동적으로 받기만 하는 것이 아니다. 단순함은 너그러움과 근면함, 이웃에 대한 인정과 관심 같은 단순한 윤리적 원칙에 따라 행해지는 모든 행동에서 적극적으로 신을 찬양하는 것이다.

단순한 마음에서 우러나는 이러한 원칙들을 무시하면 자손을 괴롭히고 물들이는 해악의 기운이 점점 강해진다. "나의 자식들아, 마지막 때에 너희 자손들이 단순함을 버리면 탐욕에 취하게 될 것이다. 순수함을 잃으면 악에 이끌릴 것이며 주의 계명을 잊으면 벨리알*에 이끌릴 것이다."

이싸갈의 하느님은 자비로우나 단순함을 잃으면 비싼 대가를 치러야 한다. 악마를 멀리하고 인간의 폭정에서 벗어나는 유일한 길은 단순함으로 향하는 것이다. 이싸갈은 태도, 생각, 욕구, 욕망과 신념의 단순함에 있어 모범적으로 그려진다. 단순함은 폭정을 예방한다. 이것이 그가 남긴 교훈이다. 오직 단순하게 살 때 '악의에 찬 사람들'의 악행을 멈추고 악마를 내쫓을 수 있다.

이싸갈의 단순함의 윤리를 지배하는 목적론은 신성한 재합일을 향한다. "너희는 모든 날뛰는 짐승들을 잠재우고, 천상의 하느님과 함께 마음의 단순함으로 향하는 길을 걸으리라." 단순함은 짐승을 길들여 그들의 창조주를 따라 행진하는 위대한 인간

---

* Beliar, 유대교 외경에서 부도덕한 자나 사악한 자를 일컫는 말

이 되게 할 것이다. 단순한 삶에 의해 촉발된 모든 훈련은 단 하나의 목적을 위한 것이다. 바로 하느님과 함께 단순함의 길을 걷는 것이다. 단순함의 길을 걷는 것은 곧 단순한 삶을 의미하며, 이것이 이싸갈 윤리의 '텔로스'다. 이싸갈은 122세의 나이에도 건강하게, 단순한 마음으로 하느님을 섬기다 죽음을 맞이했다. 이싸갈은 단순한 사람의 상징이며 그의 삶이 곧 단순한 삶이다.

2세기에 작성된 《허마의 목자The Shepherd of Hermas》는 종교적 환영幻影과 계명, 그리고 우화를 담은 유명한 기독교 서적이다. 로마에서 사는 허마는 그리스 출신으로 한때 노예였으나 자유의 몸이 되었으며, 자신을 겸손한 지성을 가진 단순한 사람으로 여겼다. 한때 부유했던 그는 말년에 가난에 빠진다. 이 책은 교회를 상징하는 인물로 나이 든 한 여성을 그리고 있는데, 환영 속에서 등장할 때마다 더 젊어진다. 그녀는 이 이야기의 후반부에서 회개 천사인 목자로 나타나 일련의 설교와 우화를 들려준다. 두 번째 환영에서 허마는 단순함과 순진함이 악과 부덕에서 자신을 지키는 강력한 수단임을 알게 된다. 그는 아버지로서 자식들에게 윤리 교육을 소홀히 한 죄를 지어 결국 자손들은 하느님을 저버리게 된다. 하지만 그는 여전히 구원받을 수 있었다.

그러나 그대가 살아 있는 하느님을 떠나지 않음에, 그리고 그대의 단순함과 지극한 인내에 구원이 있다. 이것들이 그대를 구원할 것이다. 그대가 이 안에 거하는 한, 그러한 사람들, 순진함과

단순함으로 걸어가는 그대들 모두 구원받을 것이다. 그대들은
모든 악을 이기고 영생을 얻을 것이다.**3**

인내와 순수함을 동반한 단순함은 악과 교활함, 간교함으로
부터 보호받고 영생의 문을 열 수 있다. 세 번째 환영에서 허마
는 물 위에 탑을 쌓는 것을 보는데 이 또한 교회를 상징한다. 일
곱 명의 여인이 탑을 지탱하는데, 각각 믿음, 자제, 단순함, 순수
함, 순결, 지성과 사랑을 뜻한다. 단순함은 상징적으로 볼 때 절
제의 딸이며 순수함의 어머니다. 다섯 번째 환영에서는 목자가
나타나 허마에게 12가지 명령, 즉 계명을 내린다.

두 번째 명령에서 단순함은 다시 한번 순수함과 짝을 이루며
아이들의 순진무구함과 관련된다. 단순함과 순진함은 동맹을 이
루어 우유부단함double-mindedness에 맞서 싸운다. 우유부단은 마음
의 분열이자 정신을 둘로 쪼개는 깊은 틈으로, 말뜻을 왜곡하여
참혹함과 죄를 부른다. 구원을 받으려면 마음과 정신에 우유부
단함이 없어야 한다. 여기 등장하는 많은 명령과 우화들은 단순
한 마음simple-minded을 위한 권고로 읽힌다.

여덟 번째 우화에서 망설임은 산 것도 죽은 것도 아닌 존재로
그려진다. 그것은 불화를 일으키고 심지어 자기들끼리도 분열한
다. 그들은 "입으로는 야훼를 부르지만 그 마음에는 야훼가 없
다." 의심과 망설임은 높은 등급의 죄악에 속한다. 우유부단한
자, '딥시코스dipsychos', 분열된 영혼, 갈라진 마음은 벨리알, 즉

악마의 거짓말에 쉽게 흔들린다. 이것은 앞에서도 인용한《솔로몬의 지혜》1권에서 말한 것과 마찬가지로 하느님을 구할 때는 단순한, 일관된 마음이어야 한다는 것을 의미한다. 이는《12성조의 언약들》또는《야곱의 열두 아들》뿐만 아니라,《예레미야》24장 7절에도 나온다. "내가 야훼인 줄 아는 마음을 그들에게 주어서 그들이 온 마음으로 내게 돌아오게 하리니 그들은 내 백성이 되고 나는 그들의 하느님이 되리라."

분열되지 않은, 단순한 마음만이 앎을 얻을 수 있다. 단순한 마음과 단순한 정신만이 단순한 존재인 하느님에 대한 단순하고 직접적인 지식을 얻을 수 있다. 이에 반해 '딥시코스'에게는 오직 분열과 혼란이 있을 뿐이다. 이처럼 단순하고 일관된 마음과 시야는 훈련과 엄격함, 그리고 규율로 얻을 수 있다.

초기의 수도자 생활은 대체로 은둔 형태였다. 이집트의 성 안토니우스(서기 251~356) 같은 수도자는 속세의 잡음과 유혹에서 떨어져 직접 신의 음성을 듣고자 홀로 사막에서 지냈다. 초기 기독교 시기 수도자들은 일반적으로 금욕의 원리에 따랐다. 그중 눈에 띄는 한 신학자는 금욕주의에 대한 산문에서 단순함을 논했다. 그의 이름은 필록세누스이다. 그는 5세기 중반에 태어나 485년 시리아의 마부그 대주교로 임명되었다.

필록세누스는 그리스도가 신성神性과 인성人性이 하나로 결합된 단일한 본성이라는 주장을 충실히 옹호했다. 그는 시리아에서 단순함에 대한 두 편의 담화를 포함해 많은 글을 남겼다. 그는 수도자가 아니었지만 금욕주의에 해박했고, 대주교로서 수도자를 위한 목회의 의무도 지고 있었다. 필록세누스가 설파한 단성론은 금욕주의 실천에서 시작해 신성한 대화와 지식 및 완성으로 끝맺는다. 기독교 역사학자 데이비드 미켈슨은 자신의 책 《마부그의 필록세누스의 실천적 그리스도론The Practical Christology of Philoxenos of Mabbug》에 다음과 같이 썼다.

> 필록세누스에게 있어 신에 대한 지식은 대체로 종교적 공동체에 대한 감독, 신비주의적 사색, 경전 강독, 성찬비적극* 참여, 그리고 영적 싸움에서의 금욕주의 실천 등을 통해 얻거나 유지되는 것이었다.[4]

그의 담화들은 세계에서 동떨어진 이론적 훈련 같은 것은 아니었다. 오히려 그의 글은 종교적 규율을 실천하기 위한 지침으로, 그리고 마침내 신과의 대화로 끝을 맺는 단순한 삶에 대한 강연이었다. 그의 담화는 완성을 향한 일곱 단계인 믿음, 단순함, 신에 대한 경외, 세상으로부터 분리, 식음의 자제, 청빈, 그리고 성적 금욕을 따라간다. 필록세누스는 수도자 삶의 실천적 측

* 성경의 이야기로 꾸민 음악극

면과 사색적 차원을 단순함으로 정의한다. 수도자의 삶은 에덴 동산의 단순함을 모방하는 것이어야 한다. 필록세누스 담화[5]에 실린 내용들을 살펴보자.

인류 최초의 남성과 여성에게 그 모든 것이 얼마나 단순했을지, 세상이 작동하는 방식은 또 얼마나 단순했을지 어렵지 않게 상상할 수 있다. 그들은 세상 무엇에도 유혹당하거나 얽매이지 않았다. 얽매일 만한 일이 세상에 없었기 때문이다. 이런 식으로 그들은 영적인 환영과 가까워졌으며 하느님과 직접 이야기하며 친밀감을 확인했다. (…) 하느님은 그들에게 모든 것을 소상히 보여주었지만, 그들은 한 번도 하느님에 대해 생각하지 않았다. "이 모든 것을 보여주시는 저분은 대체 어디에 사는 걸까? 그는 언제부터 존재했을까? 그가 이 모든 것을 창조하셨다면 그도 창조된 존재일까? 만일 그도 창조되었다면, 누가 그랬을까? 그는 왜 우리를 창조했을까? 어떤 이유로 그는 우리를 이 낙원에 데려왔으며 우리에게 이러한 율법을 전해주었을까?" 이러한 질문들은 그들의 마음에서 멀리 있었다. 왜냐하면 단순한 마음은 이런 것들을 고려하지 않으며 오로지 그들이 들은 것에만 주의를 기울이기 때문이다. 그리고 이 모든 생각은 화자의 말과 완전히 하나가 된다. 마치 어린아이들이 화자의 말에 귀 기울이듯이 말이다. 보아라, 하느님은 인류의 고대 지도자들 마음에 단순함을 심어주셨고, 인류는 그것을 계명으로 받들기 시작했다.

최소한의 삶
최선의 삶

아담과 이브의 삶에서 영감을 얻은 단성론은 판단과 질문, 의심과 추측을 멀리한다. 지식은 에덴동산의 단순함 속에서 직접적으로 끊임없이 샘솟는다. 단순한 마음은 저항이나 사심 없이 곧장 이를 받아들인다. 말은 그대로 '빨려 들어가', 듣는 사람과 하나가 된다. 이와 관련하여, 우리가 사는 이 타락한 세상에서 아이들의 순진무구함이 지적 겸손에 대한 교훈을 준다.

어리석음으로 여겨지는 그런 〔종류의〕 단순함에 대해 말하려는 것이 아니다. 순종하되 판단하지 않으며, 받아들이되 의심하지 않는 단순한, 마음의 단일성을 말하는 것이다. 어머니에게 말을 배우는 아기처럼, 선생님에게 배우는 어린이처럼, 그들은 들은 것을 판단하거나 캐묻지 않는다. 갓 태어난 아기가 책에 담긴 내용을 이해할 능력이 없는 것처럼, 우리도 신성한 신비로움을 해석하기에 충분한 지적 수준을 갖추지 못했다.

이러한 '본성의 단순함'은 수도자는 물론 고독한 야인의 삶에도 깃들어 있다. 단순함이란 구도자적, 신적 명령을 모두 따르는 것을 의미한다. 그것은 부단하고 자발적인 훈련에서 시작하여 서서히 삶 전반을 규정하고 마침내는 삶 자체가 되는 실천이다. 일상적인 실천에서 중요한 것은 의심하거나 예단하지 않는 일이다. 앞서 말했듯이 어린아이는 퇴보 상태가 아니라 중요한 비유 대상으로("아이들이 그러한 것처럼", "아이처럼") 우리가 따

제2장

단순함
속에서
걷기

라야 할 모범을 보여준다.

필록세누스에게 믿음은 율법에 눈뜨게 하고 순수함으로 이해되는 단순함을 깨닫게 하여 계명을 준수하게끔 한다. 여기서 이 구절의 중심 생각, 즉 따라야 할 훈련과 달성해야 할 이상은 "사고의 단일성"으로 요약할 수 있다. 앞으로 살펴보겠지만, 사고와 발상의 다중성은 악마의 작품이다. 사고의 일자성은 신성한 일치이다. 단순함이 생각 없음이 아니라 사고의 일자성임은 두말할 나위 없다. 생각의 단순함에 이르는 것은 일자이자 단순한 존재인 하느님의 일자성에 이르는 것을 의미한다. 궁극의 단순함은 일자와의 합일, 즉 하나됨이다.

단순성에 대한 두 번째 담화에서 필록세누스는 먼저 단순해지지 않고서는 고결해질 수 없다고 말한다. 그에게 있어서 단순함은 미덕과 금욕주의가 태어나는 곳이다. 마부그의 대주교는 수도자 공동체와 은자에게 단순함은 세상의 간교함을 불필요하게 만든다고 설명한다. 이 발췌문은 다소 길지만, 대주교가 관찰한 수도자들의 단순한 삶을 생생히 그리고 있다는 점에서 인용할 만하다.

단순함은 수도자들에게 특히 어울린다. 명료한 마음은 속세를 떠난 사람들과 성격이 맞는다. 세상의 방식이 적용되지 않는 곳에서는 세상의 간교함도 필요 없다. 여기서 우리는 아무것도 거래하지 않으며, 이익을 위해 흥정하지도 않는다. 여기서는 누구도 형제보다 더 크게 될 수 없고 동료보다 권위 있는 사람으로 보일 수 없다. 여기서는 누구도 타인보다 대단할 이유가 없으므로 우열이 없다. 여기서는 땅과 밭을 구획하지 않으며 어떠한 땅도 경계가 없다. 여기서는 누구도 형제보다 더 부유해지길 바라지 않고 동료보다 세상의 재물을 더 많이 가지길 바라지 않는다. 여기서는 누구도 화려한 의복을 바라지 않으며, 모두에게 주어진 허름한 상복으로 만족한다. 여기서는 누구도 하인을 부리지 않으며 화려한 만찬을 구하지 않고, 식탁에 모여 앉아 함께 음식을 나눈다. 여기서는 누구도 형제의 명예에 누를 끼치길 원하지 않으며, 서로의 명예를 지키라는 명령을 따른다. 여기서는 누구도 동료를 상대로 소를 제기하지 않으며, 서로의 명분을 따른다. 여기서는 누구도 궁전을 바라거나 그리지 않으며, 수도원에 마련된 좁은 방에 거한다. 여기서는 누구도 더 넓은 방에 금박을 입힌 침대를 둘 것을 바라지 않으며, 겸손하게 좁고 작은 방 바닥에 누워 잠을 청한다.

상술도 없고 소유도 없으며 분배도 없고 탐욕도 없으며 불신도 없고 허세도 없으며 불필요한 것도 없다. 그곳에는 공동체의 삶이라는 단순함만이 있었다. 필록세누스의 화려한 수사는 단순한 삶에 대한 묘사에서 빛나는데, 마치 운을 맞추듯 문장마다 "아무도 없다No one here."라는 간단하고 단정적인 문구로 시작한다. 공동체here에 기반한 존재는 개인one을 초월하며, 개별화된 영혼을 공동체 삶의 일자성으로 통합한다.

실제 이 세상에 존재하는 단순함의 공동체는 분열, 간교함, 다중성의 세계와 떨어져 있다. "아무도 없다."라는 부분은 힘주어 읽을 필요가 있다. 여기서 부재는 수도자의 단순한 삶을 결정하는 훈련을 통해 도달할 수 있는 완전한 현존을 의미한다. "아무도 없다."라는 말은 자아의 완전한 부재를 의미하며, 그러한 자아는 하느님의 절대적인 현존으로만 채워지고 모두가 수행하는 단순한 의무 안에서 분명해진다. 충만한 현존은 오로지 단순함의 훈련과 실천, 그리고 궁극적으로는 삶 그 자체로서의 단순함을 통해서만 성취할 수 있다.

단순한 삶은 간교한, 기만적인, 교활한, 다중적인 다수의 삶과 극명히 대비된다. 단순한 이들은 영적 존재의 삶을 닮고자 한다. "예수의 제자들 삶의 방식은 모든 면에서 단순함 속에서 번창한다. 그들에게서 단순함을 빼앗는 것은 규율을 어지럽히는 것이다. 우리에게 단순함은 자긍심의 원천이며, 그것이 있다면 누구든 현명한 사람이다."

단순함은 규율의 초석이다. 단순함이 없다면 규율도 없으며, 규율이 없으면 수도자의 삶도 없다. 현명한 사람은 다른 현명하고 분별 있는 사람들과 함께, 그들 사이에 어떠한 교활함도 없이, 같은 규율을 따르며 산다. 이전 글에서도 묘사했듯이, 단순함은 명료함과 분별력을 낳는다. 스스로 영리한 줄 아는 사기꾼과 협잡꾼으로 가득한 세상에서, 분별 있고 명료하며 단순한 사람은 바보로 불린다. 수도자들은 비록 세상 모두가 바보라 해도, 세상에서 한발 물러난 곳에서 단순한 동료들과 함께 살아가는 현명하고 단순한 이들이다.

필록세누스는 하느님과 그 제자들이 단순한 일자이자 단독자임을 믿는다. 진정한 제자는 '단순함'으로 불리며, 하느님의 이름 또한 그러하다. "그대는 하느님과 [같은] 이름으로 불려야 하며, '단순함'은 유일한 자를 칭하는 이름이다." 여기서 제자들의 단순함은 순수하고 천진하며 순종적인 아이들의 그것이다. 실제로 단순함과 순진함, 그리고 순종의 자질은 고결한 행동을 더욱 쉽게, 지체 없이 성실하게 실천하게 한다. 단순한 제자들과 마찬가지로 수도자들은 간교함과 탐욕, 기만으로 가득한 세상에서는 그다지 쓸모가 없을 수도 있으나 "하느님의 나라에서는 유용하고 필요한" 존재들이다. 그들의 유용함은 그리스도의 삶을 모방하여 단순한 옷을 입고 단순한 외양을 유지하며 단순한 말을 함으로써 다른 수도자의 존경을 얻는 것에 있다. 단순한 이들은 바오로나 그리스도를 모방하는 것만으로 그들에게 쏟아지는 모든 공격과 조롱을 견딜 수 있다.

당신의 단순함이 사람들에게 어리석음으로 비치는 것이 짐이 되지 않도록, 하느님은 질문자들 앞에 서서 아무런 답도 하지 않으며 스스로 어리석은 자로 보이게 한다. 세상 사람들이 아무런 대답도 하지 않는 당신을 무지하게 여기도록 두었다. 그리하여 우리는 모든 이에게 바보 취급을 받고 교육을 받지 못한 무지한 자로 여겨질 때도 영혼의 힘에 굳게 의지하며 '단순함의 법칙'을 위반하지 않을 수 있다. 자신이 다른 사람의 눈에 단순하고 학식 없게 비치는 것이 거슬린다면, 그러한 사람의 마음은 세상의 텅 빈 지식에 대한 정념에 사로잡힌 것이다.

주님은 단순하고 무지해 보이는 것에 개의치 않았다. 이를 따라 제자들은 속세의 지식과 포악한 정념의 족쇄에서 벗어났다. '단순함의 법칙'이 그들을 자유롭게 한 것이다. 목자와 양, 제자와 신자들은 그들이 어떤 고통을 겪든, 어떤 거짓된 혐의를 견디고 있든 "단순함의 법칙에서 떠나서는 안 된다." 주의 제자와 단순함의 전사들은 간교한 자들에 순진함과 침묵으로 대응한다. 이 전투의 승리는 달콤하다. "단순함은 갈망이 없으며, 그리고 그 때문에 항상 끊임없는 기쁨이 따른다."

단순함은 간교함과 격정이 영혼을 어지럽히고 단순한 기쁨을 방해할 여지를 남기지 않는다. 단순한 이들은 어린아이가 그러하듯 영원히 평화롭게 즐겁다. 우리는 모두 아이들과 아이다움을 사랑한다. 고로 우리 모두는 단순함을 사랑한다. 이것이 필록세누스의 결론이다. 그러나 이것이 전부는 아니다. 우리 모두가 아이들을 쉽게 믿는 것처럼, 단순한 이들은 그 아이다움을 통해 신망을 얻을 수 있다. 결국, 아이다움을 경멸하는 사람들조차도 마침내는 단순한 이들을 사랑할 수밖에 없다. 단순함은 거역하기 어렵다. 필록세누스는 독자들에게 "누가 주님의 사랑을 원하지 않으며 누가 타인의 사랑을 원하지 않는가?"라고 묻고 "이 두 가지 모두 단순함에서 구할 수 있다"라고 답한다. 사랑받고자 하면 단순한 사람이 되어라.

사랑 가득한 단순한 이들은 악을 두려워하지 않고, 악을 저지르지도 않으며, 악을 보지 않고, 악을 듣지 않으며, 악을 말하지도 않는다. 이들은 속임이 없기에 다른 사람에게서 속임을 보지 못한다.

> 단순한 이들은 모든 사람이 자신과 비슷하다고 믿고 [다른] 사람도 자기 자신을 그렇게 여긴다고 생각하는데, 이는 모든 사람에게 적용된다. [단순함은] 영혼과 자신의 모습을 비추는 거울이다. 그는 자신이 그 안에서 보는 것을 다른 모든 사람에게서 발견한다.

단순한 이들은 세상을 그것 자체로, 단순하게, 하나로 본다. 필록세누스는 단순함이 부리는 변신술을 간파한다. "단순한 자는 그저 단순할 뿐만 아니라 그에게 일어나는 모든 일을 [단순함의] 상태로 변화시킨다." 폭풍은 서로 대응하는 힘에 의해 생기고, 전투는 호전적인 두 파벌 사이에 일어난다. 따라서 단순함 속에서는 폭풍도, 전투도 없다. 진정한 단순함은 다수를 하나로

제2장

단순함
속에서
걷기

만들기 때문이다. 단순함은 단순히 세상으로부터, 또는 삶 자체가 된 일련의 규칙들로부터 도망치는 것이 아니다. 분열된 세상을 하느님처럼 유일하고 단순한, 참된 피조물로 바꾸는 것이다.

이 모든 결론에 이른 뒤에도 필록세누스는 여전히 딜레마에 직면했다. 단순함은 그저 순진무구한, 맹신일 뿐인가? 그렇지 않다. 왜냐하면 맹신은 진정한 단순함과 달리 하느님을 두려워하지 않기 때문이다. 하느님을 두려워한다는 것은 아이가 선생님을 두려워하듯 거짓과 기만, 이단에 아무런 관심도 보이지 않으며 세속적이고 현학적이며 사변적인 지식을 멀리한다는 것이다. 단순한 이들은 오직 한 주인만을 두려워하고 따르며 오직 하나뿐인 그리스도의 길을 간다.

성육신成肉身*은 필록세누스 신학에서 핵심적인 지위에 있다. 말씀이 육신이 된 순간 사람과 신을 잇는 다리가 생긴다. 데이비드 미켈슨과 벨기에 신학자 앙드레 드 할뢰도 보여주었듯이, 필록세누스에게 있어 육화는 그리스도의 신성을 바꾸지 않는다. 성육신 후에도 하느님은 여전히 유일하며 단순한 존재다. 육화는 단지 성육신 순간뿐만 아니라 구원의 전 과정을 포괄한다. 그러나 필록세누스에게 성육신은 인간의 이해를 초월하는 현상으로 남았다. 하느님에 대한 지식은 이성이나 언어가 아니라 단순

* 하느님이 예수의 몸으로 이 땅에 오신 일

한 삶의 실천에서 찾을 수 있다. 그러한 지식은 그저 받아들일 때, 신과의 직접적인 접촉을 통해서, 육신으로 현현하는 단순한 삶 속에서 얻을 수 있다.

또 다른 두 편의 담화에서 필록세누스는 청빈과 금욕, 우상 숭배 등 좀 더 현실적인 문제들을 다룬다. 대주교는 수도자들이 단순함, 청빈, 금욕과 재물의 유혹 사이에서 갈등할 때 생각과 충심이 표리부동해질 수 있다고 경고한다. 필록세누스는 무조건 부자를 비난하지 않았다. 그들이 부를 독점하기 때문에 비난했다. 욥의 경우 부유함이 완전함을 향해 가는 데 장애가 되지 않았다. 욥은 아브라함, 다윗, 이사악과 마찬가지로 진정한 주인으로서 자신이 결코 소유물에 사로잡히도록 두지 않았다. 또 다른 인상적인 구절에서 필록세누스는 소유물을 모두 버릴 때 오는 거듭남의 순간을 기술했다.

누군가 세상 모든 것에서 한 걸음 물러나 자신이 가진 모든 부와 재산을 필요한 이들에게 나누어줄 때, 그가 세상을 초월했다고 일컬어진다. 그는 처음 자궁 밖 세상으로 나올 때처럼 홀로 맨몸이 되어 세상을 떠나온다. 이처럼 세상에 거하는 것이 인간을 위한 것이요, 자궁 안에 깃든 태아와 같기 때문이다. 어둡고 축축한 자궁 안에서는 바깥세상을 느끼지 못한다. 세상의 모든 창조물은 마음에 닿지 못한다. 그런 것처럼 사람이 세상에 물질적으로 얽매이면 분별심[감각]은 근심의 어둠 속으로 숨어버리고 마음은 침울함으로 뒤덮여 그리스도의 방식으로 축복과 풍요를 느낄 수 없다. 분별심이 물질적인 것의 어둠에 숨어버리면, 영적인 것을 볼 수 없다. (…) 태아가 자궁을 떠나 바깥세상으로 나가는 것처럼, 우리도 그렇게 세상을 떠날 수 있어야 한다. 세상 또한 자궁과 마찬가지 방식으로 구성되었기 때문이다. 사람은 태아가 자궁을 버리듯이 세상을 버려야 한다.

영적인 풍요로움을 위해 물질적 풍요를 포기하는 것은 금욕주의 문학의 '토포스topos'*다. 앞에 인용된 구절은 흥미롭게도 참된 세계와 그 풍요로움을 발견해 나가는 과정을 새로운 탄생에 비유한다. 단순함의 세상은 자궁처럼 어둡고 축축하지 않다. 그것은 마치 수도자들에게 완벽한 무소유 속에서 살도록 권하는 사막처럼 환하고 건조하다.

계속해서 필록세누스는 말한다. 우리가 자궁을 떠난 이후에야 마침내 감각이 깨어나 눈과 귀와 혀로 보고 듣고 말할 수 있다. 또한 간은 진노를 위해 쓸개는 계몽을 위해, 모든 장기들이 제 기능을 하게 된다. 감각과 장기가 그것의 진정하고 단일한 목적을 추구하게 되면 비로소 사람은 단순하고 완벽한 사람이 된다. 영원한 탄생으로서 단순함의 개념은 오랫동안 이어진다. 이

* '장소'를 뜻하는 그리스어로, 문학에서 자주 반복되는 전통 주제를 뜻한다.

는 17세기 정숙주의Quietism**에서 다시 나타나는데 당시 프랑스 성직자 프랑수아 페넬롱의 단순함에 대한 설교가 대표적이다. 또한 이후에 장 자크 루소의 저작에서 볼 수 있다.

　필록세누스는 탐욕과 정념의 노예가 된 상태를 비판한 담화에서 육체, 특히 위胃에 대해 말했다. 이 장기는 인간을 동물 수준으로 전락시키며 신의 완전함으로부터 멀어지게 한다. 두 번째 담화에서는 탐욕과 식탐의 어둠에 빠진 정념을 통제하는 방법과 욕망의 족쇄에서 스스로 벗어나는 방법을 알려준다. 탐욕과 갈망의 희생양이 되지 않으려면 이러한 욕구의 본질을 알아야 한다.

　필록세누스에 따르면 자연적인 허기는 속이 비었을 때뿐만 아니라 육체적으로 허약하고 둔해졌을 때 발생한다. 언제 필요와 욕구를 느끼는지, 그리고 언제 그것이 충족되는지 알면 진정한 자유를 얻을 수 있다. 이때 육체는 충동에 잠시 승리를 맛볼수 있는 곳, 자유를 만끽하는 장소가 된다. 그러나 자칫 방심해다시 욕망에 사로잡히면 감미로운 승리의 경험은 사라져버린다. 욕구와 욕망을 이해하고 통제한다는 것, 즉 단순화한다는 것은 욕정, 과잉, 그리고 삶에 불필요한 모든 것과의 끝없는 투쟁을 의미한다. "저녁 식탁에 오른 음식, 네 눈이 욕망하는 것, 그 모

** 그리스도교에서 인간의 자발적·능동적인 의지를 최대로 억제하고, 명상을 통해 신과 합일하여 영혼의 완전한 평안을 얻을 수 있다고 주장하는 사상

든 것을 잊어라. 대신 배 속을 향해 조용히 말하라. '네가 그것을 욕망했으므로 너는 그것을 맛보지 못할 것이다.'"

여기서 길러야 할 것은 의지, 맑은 눈, 그리고 육체적 욕구와 나누는 내면의 대화법이다. 필록세누스는 욕구와 탐욕, 그리고 정념을 다스리는 법칙 두 가지를 제시한다. 바로 사회적으로 규정되는 외적 법칙과 자기가 만드는 내적 법칙이다. 내적 법칙을 따르고 준수함으로써 얻는 지식은 자연스럽고 단순한 필요와 부자연스러운 욕망을 분리한다. 그런 의미에서 단순한 음식이라 해도 이를 탐한다면 값비싼 음식을 아무 생각 없이 먹는 것보다 나쁘다.

단순한 이들이 인내심을 갖고 연구하기로 결단한다면 욕망과 욕정의 강력한 지배력을 알아채는 것은 물론 이를 물리칠 방법을 찾아낼 수 있다. 그렇게, 단순함은 세계에 대한 지식을 전한다. "그러므로 지식의 산 정상에 올라 세상을 내려다보라. 세상의 길과 경박함과 혼란, 도처에 사는 인간들의 조짐을 보라." 과잉, 도둑질, 상업, 공업, 노예와 전쟁은 모두 욕정에서 솟아난다. 그리고 이 모든 불행은 "배 속의 욕망" 탓이라 할 수 있다. 이런 이유로, 육체는 단순한 영혼의 엄격한 통제 아래 있어야 한다.

눈이 재빠른 움직임으로 빛의 단순함을 통찰하듯, 영혼도 이러한 육체적 욕망을 굴복시킨 이후에야 영적 지식의 명료함과 단순성을 통찰할 수 있다. 태양 빛은 자연과 사물들을 따로따로 비추는 것처럼 보인다. 그러나 그것의 하나뿐인 본성은 어떤 분열도 없이 단순하다. 우리 삶과 노동의 길 위에 떠오르는 영적 지식도 마찬가지이다. 조각난 것처럼 보이지만, 영혼이 담긴 지식은 고유하고 단순하다. 육체성에서 영성으로 다시 태어나지 않는 영혼은 그 빛을 받을 자격이 없다. 그러한 영성은 노동과 금욕을 통해 완성된다.

단순함의 법칙을 따르는 수도자들의 노동과 금욕은 육욕을 영성으로, 분열을 일자성으로 변화시킨다. 신중한 훈련과 연습은 단순함의 지식을 낳는데 이것은 일자성을 가진다. 단순한 행동은 단순함이 된다. 단순한 노동과 금욕의 지속적인 단순해지기는 많은 수도자의 삶을 바꿔놓았다.

조르조 아감벤의 수도 생활 연구는 그러한 삶의 본질을 이해하는 데 도움을 준다. 필록세누스에 따르면 수도자의 삶은 '단순함의 법칙' 또는 규칙을 훼손해서는 안 되는, 단순함이 삶의 형태가 된 생활이다. 아감벤의 말을 인용하자면, 이들의 삶은 말하자면 "삶의 형식, 즉 형식과 너무 가까워 그것과 분리될 수 없음을 증명하는 삶"이었다.**6** 여기서 형식으로서의 단순함과 삶으로서의 단순함은 하나가 되어 분리할 수 없게 된다.

세상의 소음과 혼란이 일거에 사라지고 삶의 복잡함이 간단하고 움직일 수 없는 진리로 변하는 바로 그 순간, 사람들은 깨달음을 얻는다. 이런 깨달음은 뜻이 같은 사람들과 단순한 삶을 살기 위해 수도자의 길을 가겠다고 결심하게 만든다.

20세기 미국 로마 가톨릭교회의 수도자이자 문필가인 토머스 머튼은 저서에서 "가장 위대한 종교는 사실 매우 단순하다."라며 다음과 같이 말했다.

> 기독교, 불교, 이슬람, 유대교 사이에는 의심할 여지 없이 근본적인 차이가 있다. 그러나 깊이 들어가면(황홀한 호사라고 말할 수도 있겠지만) 극도로 단순하다. 또한 이들 종교는 가장 단순하면서 난해한 것으로 끝난다. 즉 절대적 존재, 절대적 사랑, 절대적 자비 또는 절대적 공허와의 직접적인 만남이 그것이다. 이는 일상 속에서 즉각적이며 완전한 각성을 통해 얻어진다.[7]

머튼은 불교를 예로 들며 "실존적 태도로 접하는 자, 그 안에서 살아가는 자"만이 종교를 이해할 수 있다고 주장했다. 수도자는 단순한 삶을 통해 절대자를 체험할 수 있다. 단순한 삶에는 바로 지금, 살아 있는 절대자의 출현을 가로막는 것이 거의 없다. 수도자는 독실한 삶의 매 순간 절대자와의 조우를 포함해 모든 가능성에 의식을 열어두기 때문이다. 단순한 삶 속에서는 절대적인, 모든 일이 일어날 수 있다. 머튼에게 단순함은 '성실한 일상'에서 시작하며 신과의 영적인 합일로 마무리된다.

토머스 머튼은 켄터키주 겟세마네 수도원의 트라피스트회 수도자였다. 트라피스트, 즉 '엄률시토회' 수도자들은 6세기부터 내려오는 성 베네딕토의 규율을 엄격히 따른다. 이 규율은 세 가지 주요 원칙인 청빈, 정결, 순명에 의해 지배된다.

트라피스트 운동은 17세기 프랑스 트라프 대수도원 원장 아르망 장 르 부티예 드 랑세가 시토 수도회의 경건한 신앙생활을 지키고자 엄격한 회칙을 만들면서 시작되었다. 수도자들은 완전한 묵언은 아니지만 말을 줄였다. 이들은 여전히 기도와 노동으로 단순한 공동체적 삶을 이어간다. 트라피스트 수도자들은 병자를 제외하고 성 베네딕토의 규율에 따라 네발 달린 짐승 고기를 삼가면서 건강을 유지한다. 그들은 형제자매들과 평생 동반자 관계를 맺으며 살았다.

20세기, 대외적으로 두 명의 트라피스트 수도자가 명성을 얻었다. 바로, 사회개혁에 참여한 토머스 머튼과 '관상 봉사회' 창립을 주도한 토머스 키팅이다. 관상 봉사회는 침묵과 묵상을 강조하는 향심 기도를 통해 기독교적 명상과 수행에 활기를 불어넣고자 했다.

향심 기도는 황야의 교부*에서 중세 신비주의자, 또 17세기 영적 저술가들에 이르기까지 풍부하고 오랜 전통이 있다. 관상 기도는 보통 하느님의 임하심에 모든 것을 맡기는 것, 하느님과의 신성한 합일로 묘사되며, 신자들은 지적으로나 상상력 차원

---

* 3세기경 이집트 사막 지대에서 은거 생활을 했던 수도자들

에서 별도의 노력 없이 참여할 수 있다. 관상 기도는 여러 형태가 있으나 그중 일반적인 방법은 성서에서 발췌한 단어나 구절을 암송하거나 그저 예수의 이름을 반복해 부르는 식이다. 이는 '단순 기도' 그리고 '단순 흠숭 기도'라고도 부른다.

향심 기도는 침묵, 고독, 연대, 봉사, 고요함, 단순함, 내맡김의 일곱 단계로 이루어지며 이는 하느님의 임하심과 그 안의 신적인 현현에 모든 것을 내맡기는 상태로 나아가는 과정이다.

> 단순함은 "명상과 행동의 통합이며, 일상의 파고에서 균형을 유지하는 능력을 기르는 것이다. 명상은 행동과 같지 않다. 이들은 분명히 다르지만 분리되지는 않는다."[8]

단순함은 고요함이나 내 안에 하느님이 임하심에서 생겨나고 그런 후 하느님과의 합일에 모든 것을 내맡기는 영생이 시작된다. 향심 기도에서 단순함은 둘이 하나가 되는 합일로 묘사된다. 이때 둘은 서로 여전히 구분되지만 분리되지는 않는다. 중요한 것은, 단순함의 단계에서 우리는 긴장과 저항으로 가득 찬 복잡한 세계에서 단순하게 또는 이중적이지 않게 살 능력을 얻게 된다는 것이다.

토머스 키팅은 또한 단순성을 "인간 능력의 통합 및 단일화"라고 정의했다. 그에게 있어 단순성은 세계의 모든 구성 요소들을 한데 묶은 것으로 각 요소는 각자의 역량에 따라 작동하며

"더 발전된 수준의 의식에 통합된다."**9** 이러한 의식 수준은 신의 의지에 열려 있다. 실제로 단순함은 "삶의 양식의 단순화와 기도하는 삶"을 통해 얻는다. 단순한 삶은 분열된 행위, 생각, 감정에 맞서 자아 통일성을 유지한다. 키팅에게 "단순함은 일상에서 명상과 행동을 합치시키는 것"이다.

단순한 삶은 행동과 명상 속에서 자신을 발견하는 것이다. 이러한 삶에서 행동과 명상은 하나로 합쳐지며, 하나가 일어나지 않으면 다른 하나도 일어나지 않는다. 명상이 행동이고 행동이 곧 명상인 것이다. 그것이 단순한 삶이다.

저술가로 왕성하게 활동한 토머스 머튼은 20세기 미국 신학자 중 아마도 가장 널리 알려진 인물일 것이다. 그는 종파를 초월한 대화와 평화, 사회적 정의에 대해 여러 번 언급한 바 있다. 그는 1941년 12월에 겟세마네 수도원에 들어갔다. 4년 후 수도원장 프레데릭 던 경은 그에게 1928년 트라피스트 수사인 장-바티스트 쇼타르 경이 프랑스어로 쓴 짧은 글의 번역을 요청했다. 머튼은 이를 수락했고, 프랑스어 원문을 번역한 후 내적 단순함에 대한 클레르보의 성 베르나르의 견해에 직접 해설을 추가했다. 이 글은 《단순함의 영혼The Spirit of Simplicity》이라는 책으로 알려졌다.

머튼의 해설은 단순함이 시토 영성주의의 초석임을 상기시키는 것으로 시작한다. 단순한 삶으로 향하는 첫 단계는 자신의 이중성을 인식하는 것이다. 이러한 이중성은 겸손 또는 몰아沒我로 이해되는 단순함의 실천으로 극복할 수 있다. 머튼은 단순함을 세 가지 고행으로 묘사했다. 하나는 "욕구를 떨어뜨리는 비타협적 고행"으로 허기, 옷, 생존 방식 등의 욕구에 대한 것이다. 두 번째는 "내면의 감각과 지성"의 고행으로 신앙과 공부에서의 단순함으로 해석된다. 마지막은 "의지의 고행"으로, 세 고행 중 가장 중요하다.

순종과 의지의 단순화는 가장 위대한 덕목이다. 순종의 단순함이란 권력에 대한 맹목적인 복종이 아니라 다음 세 가지 니힐nihil의 원리를 따르는 순종이다.

하나는 '니힐 플루스Nihil plus, 더하지 않는다'로 의지는 요구되는 것 이상을 더하지 않는다. 즉 의지는 과도한 열의에 빠지지 않으며, 희생에서 위엄을 추구하지도 않는다. 두 번째는 '니힐 미누스nihil minus, 빼지 않는다'로 자기 의지는 자기 관심 또는 자기애를 충족하는 데 부족해서는 안 된다. 마지막으로, 세 번째가 '니힐 아리테르nihil aliter, 바꾸지 않는다'이다. 의지는 교우나 수도원장, 혹은 하느님의 요청이 아니라면 아무것도 바꾸지 않는다. 이처럼 우리는 규율을 더하거나 빼거나, 바꾸지 않음으로써 의지를 간소화하고 자발적 순종을 준비할 수 있다.

머튼이 성 베르나르의 견해에 덧붙인 해설에 따르면, 의지의 단순화란 단순히 하느님 뜻에 모든 것을 내맡기는 것이 아니라 '볼룬타스 코무니스voluntas communis', 즉 공동의 의지에 복종하는 것을 의미한다. 공동의 선을 위한 공동의 의지는 하느님에게서 나와 선배 수도자들과 신도들을 통해 전달된다.

자기 의지와 자기만족은 공동의 의지를 막고 최악의 경우 그것을 왜곡할 수 있다. 예를 들어 불행은 세 가지 의지, 즉 자기 의지, 다른 사람의 의지, 하느님의 의지 사이의 갈등에서 생긴다. 평화와 사랑은 단순함과 모든 의지의 합일에서 솟아난다. 머튼에 따르면 "평화의 결핍은 단순함의 결핍, 합일의 결핍, 상황과 사건의 부조화이다. 이처럼 단순함이란 '버림'을 의미한다." 여기서 '버림'이란 정숙주의에서 볼 수 있는 수동적인 내맡김이 아니라, "하느님 뜻을 완수하고자 하는 적극적인 욕구"에 가깝다.

단순한 삶은 기꺼이 단순함을 따르고, 모든 의지의 합일을 추구하며 공동의 의지를 하느님의 의지로 가득 채운다. 의지하는 의지는 트라피스트와 그들 성인의 말처럼, 더 완벽한 단순함이다. 최고의 단순함은 몰입 상태에서 체험하는 하느님과의 신비로운 합일에서 나온다. 우리는 결코 하느님과 물질적으로 하나가 될 수 없으므로 정신적인 합일로 충분하다. "의지의 결합, 즉 우리 영혼이 하느님과 하나가 되는 것은 본질적으로 분리된 개체로서 이룰 수 있는 가장 고귀하면서 순수한, 내밀한 결합이다. 이것이 시토 수도자들이 추구하는 단순함의 절정이다!"

이러한 합일에서 트라피스트들이 추구하는 단순함의 이상이 성취될 때, 영혼은 하느님 안에서 자신을 상실함으로써 마침내 그 자신이 된다. 머튼은 서문에서 영혼과 하느님이 얼마나 닮았는지 표현했다. 그리고 마지막 장에서 그는 자신이 생각하는 단순함의 이상에 따라 영혼이 하느님과 하나가 될 때 비로소 그 자신이 된다고 말한다. 왜냐하면 영혼은 하느님을 닮았기 때문이다. 하느님과 하나 된 영혼은 원래의 의지와 관심을 잃고 "하느님이 사랑하시는 것과 마찬가지로 자신을 사랑"하는 "이토록 탁월하고 완전한 단순함"에 이른다. 가장 완전한 단순함 속에서, 자기애는 곧 하느님의 사랑에 다름 아니다. 이러한 영혼의 지복은 순종, 겸손, 자애와 단순함을 실천하는 삶의 결과이다. 머튼의 말을 빌리면 다음과 같다.

> 시토 수도회의 단순함은 영혼이 하느님과 신비로운 합일을 이룰 때 정점을 맞이한다. 죄와 오류의 모든 이중성이 완전히 정화될 때 우리의 의지와 주의 의지가 완벽한 결합을 이루게 된다. 이러한 정화는 사랑의 결과, 특히 우리 이웃에 대한 하느님 사랑의 결과다. 따라서 정화 작업은 실제로 '볼룬타스 코뮤니스voluntas communis'를 실행하도록 이끄는 사회적 단순성과 불가분의 관계에 있다. 이것이 바로 시토 수도자들이 공동체적 삶을 고집하는 이유이다. 시토 수도자들은 결코 육체적으로 혼자가 아니다. 이들은 하루 중 어느 때든 자신의 의지를 다른 이에게 이양할 기회가 있다. 정확히 말하자면, 성 베르나르와 성 엘레드, 그리고 다른 교부들의 사고방식에 따르면, "수사들은 최대한 신속히 신비스러운 합일에 대비해야 한다."**10**

최소한의 삶
최선의 삶

즉, 단순함은 하느님과의 완전한 합일을 준비하기 위한 동료와의 합일이다.

토머스 머튼은 말년에 겟세마네에서 고독하게 살았다. 그러나 인생 대부분은 동료들과 함께 지냈는데, 하느님과 하나 되는 명상 속에서 궁극의 단순한 삶을 준비하면서 살았다. 개종 경험이 있는 그는 다른 학자들과 마찬가지로 활발한 사회적 활동을 벌였으며 속세의 지식과 신학에 대한 폭넓은 식견을 쌓았다. 그의 영향력과 영성, 그리고 급진적인 주장은 20세기 활동가와 무정부주의 집단에 깊은 영향을 끼쳤다.

자크 엘륄은 프랑스 보르도 대학의 역사, 사회학, 정치학과 교수로서 신학, 사회학 및 기술학에 대해 50여 권의 책을 썼다. 그중에서도 가장 잘 알려진 저서는 《기술 사회The Technological Society》이다. 1954년 프랑스어로 처음 출판되고 10년 후 영어로 번역된 이 책은 머튼의 관심을 끌었다. 그는 이 책을 격찬했으며, 책을 읽는 동안 수많은 메모를 남겼다.

엘륄의 책을 읽는 동안 머튼의 견해 또한 바뀌었다. 그는 엘륄이 너무 비관적이며 어떤 부분에서는 분석이 약하다고 생각했다. 엘륄은 우리 인류가 기술에 인간성을 내맡겼다고 여긴 반면, 머튼은 세계에 대해 그보다는 좀 더 낙관적인 희망을 품고 있었다. 그러나 미국의 저술가 고든 오어도 지적한 것처럼, 머튼은 엘륄의 모든 저작을 접하지는 못했으며, 이 프랑스인이 보인

극도의 비관적 태도가 기술의 위협을 깨닫게 하려는 일종의 수사적 수단이었다는 점을 간과했다. 머튼은 엘륄의 신학적 작업들, 특히 기독교적 희망에 대한 엘륄의 개념에 대해 대체로 잘 알지 못했다.

엘륄에 따르면, 하느님이 떠난 기술 세계에서 인간에게 남은 유일한 것이 희망이다. 그는 기독교인이자 반기술 투쟁가로서, 희망을 '적극적인 기다림'의 한 방식으로 받아들였다. 즉각적인 행동과 효율에 탐닉하는 기술 문명에서 '기다림'은 아무 쓸모가 없기 때문이다. 둘째로, 희망은 하느님의 말씀으로 돌아가길 '희망'하는 기도에서도 발견된다. 그리고 마지막으로, 그는 희망적 비관론을 권력 구조를 해체하는 한 방식으로 보았다. 엘륄은 희망은 소극적 복종과 무력함이 행동(때로 정치적 행동)에 이를 때까지 시험한다고 생각했다. 기술 발전이 급격한 세상에서, 머튼과 엘륄 모두 작가로서 맹목적인 절망의 위험성과 행동의 필요성을 인식하고 있었다.

아울러 머튼은 독일 출신 철학자 한나 아렌트의 저서인《인간의 조건The Human Condition》도 격찬했다. 그는 독서 노트에 다음과 같이 썼다.

1. '비타 악티바Vita Activa, 활동적인 삶'는 명상을 판단 기준으로 삼지 않음으로써 오직 활동만 남는다. 그 결과 '정치적 행동'은 '조작'으로, '일'로, 결국엔 '일거리'라는 완전히 공허한 행동으로 전락

하고 만다.

2. 존재는 '과정'으로 대체된다. 과정은 모든 것이다. 현대적 인간은 생산 과정에 아무 마찰 없이 꼭 맞아떨어지는 사람이 될 것만을 생각하며, 바로 이 과정에서 '행복'을 찾는다.**11**

단순한 삶에서는 행동과 명상이 분리되지 않는다. 인간은 공동의 의지에 참여하고 이에 따라 행동하면서, 하느님과 명상적 합일을 이루기 위한 예비 단계로서 먼저 다른 이들과의 교감을 경험한다. 머튼이 보여준 것처럼, 궁극적인 영적 결혼은 결국 하느님의 뜻에 도달하기 위해 스스로 의지를 조금씩, 능동적으로 잃는 것이다. 명상 없는 행동은 자기 의지에 지배되며, 그리하여 역설적으로, 한편으로는 위험하게도, 맹목적으로 흐르게 된다. 반면에 명상을 수반할 때 우리는 하느님과 같은 눈으로 세상을 볼 수 있다. 행동 그 자체는 앞을 보지 못하며 맹목적이다.

머튼이 노트에 쓴 것처럼, 정치적 행동이 일거리로 전락하는 과정은 다른 이들에게서 멀어지고 세상과 불화하는 것이다. 결국 자아는 복잡하게 엉킨 생각에, 즉 하루하루 먹고사는 일의 실타래에 속박된다. 그래서 '명상을 판단 기준으로 삼지 않을 때', 우리의 행동은 '공허한 행동'이 되어버리는 것을 볼 수 있다.

위에 인용한 두 번째 메모에서 머튼의 또 다른 관심사를 확인할 수 있는데, 이 역시 단순함과 관련이 있다. "마찰 없이 꼭 맞아떨어지는" 일은 두 가지 가능성 간 결합을 가능하게 한다. 여기서 단순함은 저항을 최소화하는 방편으로 왜곡되고, 하느님의 사랑 안에서 찾을 수 있는 가장 큰 행복을 추구하기 위한 길로서 역할을 하지 못한다. 공허한 행동의 세계로 이탈한 단순함은 이제 타자들로부터의 소외를 낳고 기술과 권력에 예속된다. 그러나 머튼에게 있어 진정한 단순함은 자비, 즉 하느님으로부터 받고 이웃과 나누는 자비다.

단순함은 다른 사람들 간의 자아 통합이다. 아렌트에 대한 위의 메모에서 머튼은 자신이 읽은 시 몇 편을 언급했다. 그는 더 단순한 쪽을 선호했다. "종교인들은 때로 가장 단순하고 그 무엇보다도 직접적이다. 단순성=신성함. 이들 시는 본질적이고 깊은 관계를 입증한다." 단순함은 마찰 없이 소외될 때가 아니라, 마찰 없이 연결될 때 신성함이 된다.

따라서 머튼은 이 부분에서 기술의 위협에 대한 엘륄의 사상을 더 옹호했다. 하지만 엘륄에게 기술은 더 크고 위협적인 무언가의 한 부분일 뿐이다. 1964년 뉴욕에서 출간한 《기술 사회The Technological Society》의 내용을 살펴보자.

여기서 '테크닉technique'이라는 용어는 목적 달성을 위한 방법인 기계 또는 기술을 의미하지 않는다. 기술 사회에서 '테크닉'은 인간 활동의 '모든' 분야에서 "완전한 효율성에 도달하기 위해(발전의 특정 단계에서) 이성적으로 사용되는 방법들의 전체"다.

머튼이 행동에서 아주 위태로운 공허를 본 반면, 엘륄은 '행동'과 '효율성'이 동의어가 될 정도로 인간 행동이 효율성이라는 개념으로 완전히 물들 수 있다고 믿었다. 또한 머튼은 아렌트와 마찬가지로 '과정'이 '존재'를 대신하는 것으로 본 반면, 엘륄은 테크닉과 효율성이 존재를 갉아먹는 것으로 보았다. 계속해서 그는 말한다.

테크닉은 인간의 가장 깊은 곳에 침투했다. 기계는 인간 환경을 새롭게 변화시킬 뿐만 아니라, 인간의 본질 자체를 바꾼다. 인간은 인간 이전의 우주만큼이나 새로운 세계에 적응해야 했다. 인간은 시속 6킬로미터로 움직일 수 있도록 태어났으나 이제는 1,000킬로미터로 움직인다. 인간은 배가 고프면 먹고 졸릴 때는 자도록 태어났으나 이제는 시계를 따른다. 인간은 다른 생명과 접하며 살도록 태어났으나 이제는 돌로 이루어진 세상에 산다. 인간은 본질적인 통일성을 갖도록 창조되었으나, 이제는 현대 세계의 힘에 의해 파편화되었다.

엘륄과 머튼은 인간 통제를 벗어난 힘으로 설계된 새로운 존재의 탄생을 목격했다. 이 새로운 세상에서, 하느님은 창조물을 빼앗겼고 인간은 실존적 통일성을 빼앗겼다. 효율과 가공은 존재에 대한 수정을 뛰어넘는다. 그것은 존재의 종말이다. 이러한 존재의 죽음은 공동 의지의 실현과 하느님 안에서의 단순성에 종말을 고한다.

엘륄에 따르면, 인류가 타락하기 전 에덴에는 테크닉이라고 부를 것이 전혀 없었다. 에덴은 하느님의 작품이다. 따라서 그곳은 완벽하며 더할 것이 없고(니힐 플루스), 뺄 것도 없으며(니힐 미누스), 바꿀 것도 없다(니힐 아리테르). 엘륄은《창세기》1장에 대해 다음과 같은 논평을 남겼다.

> 창조 안에서 노동은 필요에 의하지 않았고(아담은 일을 멈추더라도 굶어죽지 않았을 것이다.) 완수나 생산도 없었다. 재산을 모으거나 생계를 이어가기 위해 혹은 생산하기 위해 일하지 않았다. 노동은 '그 무엇'을 위한 것도 아니었다. 아담이 살아가는 데 필요한 과실과 생산물은 모두 노동이나 의무, 책무의 대가가 아닌 순전한 호의로 베푸신 것, 모두 하느님께서 값없이 주신 것이다. 필요와 노동 사이에는 어떠한 연결 고리도 없다. 일과 생산물 사이에는 어떠한 인과관계도 없다. 생산물은 순전히 창조의 질서에 따르는 것일 뿐이다. 노동은 쓸모를 위한 것이 아니었으며 아무런 대가도 없었다.[12]

노동이 대가 없이 오직 의지에 따라 이루어지는 세계에는 테크닉의 자리가 없음을 우리는 쉽게 알 수 있다. 테크닉은 타락의 산물이다. 타락 후 인간은 먹고살기 위해 일해야 했다. 이제 노동은 인간 실존에 필수불가결한 것이 되었다. 이에 대해 엘륄은 글의 결론 부분에서 노동이 "인간 자유의 산물이 아닌 필요의 산물"이 되었다고 썼다. '타락'이란 단어를 거부하고 '불화'라는 단어를 선호하는 엘륄은 에덴이 오늘날 우리가 사는 세계의 대척점에 있다고 말한다. 세계와 불화하기 전, 즉 테크닉이 있기 전의 세계를 엘륄은 다음과 같이 묘사했다.

모든 것은 진정으로 온전했으며, 하느님의 풍요로움이 모든 것을 채웠다. (…) 이런 곳에서 어떤 목적을, 어떤 수단으로 추구할 것인가? 존재의 통일성 안에서 모든 것이 주어진다면, 수단이라는 개념이 과연 어떤 의미를 가질 수 있을까? (…) 에덴을 관리하는 일은 전적으로 아담의 몫이었지만 아담 자신에게 맞도록 바꿔야 할 것은 하나도 없었다. 창조의 통일성이 깨질 때 사물은 서로 분리되었고 각자의 운명을 떠안게 되어 인간과 개별 사물들 간에 상관관계가 생기기 시작했다. 그렇게 인간과 사물 간 특별한 관계가 형성되는 바로 그때 우리는 이 사물을 재산이라고 부를 수 있다. 우리가 이 기적적인 보편성을 이해한다면 거기에는 테크닉이라는 것—테크닉의 종種이나 속屬도—도 존재할 수 없음을 이해할 수 있을 것이다. 왜냐하면 테크닉은 가장 효율적인 방식에 대한 탐색이며, 수단의 집합에 불과하기 때문이다. 에덴에서 이 두 요소는 근본적으로 배제되었다.

수단이 없기에 사유재산도 없고 테크닉도 없다. 이것이 바로 에덴의 풍경이다. 아무것도 더할 것이 없는, 온전함 그 자체다. 이런 세계에서 인간은 신과 직접적이고 즉각적으로 소통할 수 있다. "행사할 힘이 없으므로" 어떠한 테크닉도 필요하지 않다. 에덴은 불화 없는 곳으로, 모든 것을 주고 모든 것이 주어진다.

결론에서 엘륄은 에덴에서는 '더'라는 개념이 낯설다고 말한다. '더'의 세계, 테크닉과 효용의 세계는 타락한 세계로, 바로 우리의 세계다. 그렇다면 단순한 삶을 위해 수단과 효용, 재산에 대해서는 더 이상 생각하지 말아야 한다. 단순한 삶을 살려면 기다려야 한다. 마냥 기다리는 것이 아니라 능동적으로 교감하며, 공동체 안에서 단순함의 법칙에 따라 신과 함께, 그리고 다른 이들과 더불어 살아가야 한다.

제3장

단순함의 선물

SIMPLE

1774년 5월 19일 영국인 앤 리는 미국으로 향하는 배에 올랐다. 그녀와 함께 배를 탄 여덟 명의 남녀는 모두가 평등한, 손은 노동에 바치고 마음은 하느님께 드리는 단순한 삶을 찾고자 했다. 앤 리는 고향 맨체스터에서 신앙 때문에 박해를 받았다. 식민지 미국에서도 그녀는 신념을 이유로 박해받지만, 인내와 카리스마로, 후대까지 단순함의 상징으로 기억될 영원한 유토피아 사회를 건설할 수 있었다. 그것은 바로 셰이커교로 알려진 그리스도 재림 신자 연합회이다.

셰이커 교도들의 신념과 삶의 방식에서 중심이 되는 것은 단순함이다. 미국인 작곡가 에런 코플런드에 의해 유명해진 〈단순함의 선물simple gifts〉*이라는 노래는 단순한 삶의 주요 테마를 엮은 것인데, 이러한 주제는 현재 몇 명 남지 않았지만 한때 마을을 이루고 살았던 셰이커들 삶의 근간을 이룬다.

> 단순하게 사는 것은 선물이요, 자유롭게 사는 것은 선물입니다.
> 우리가 마땅히 있어야 할 곳에 오게 된 것도 선물이지요.
> 그리고 바로 그 자리에서 우리 자신을 발견했을 때,
> 그곳은 사랑과 기쁨의 계곡이 될 것입니다.
> 진정한 단순함에 이를 수 있다면
> 머리를 숙여 인사하고 허리를 굽히는 것도 부끄러울 것이 없죠.
> 모두가 환희에 찰 때까지 돌고 또 돌아보세요.
> 원래의 제자리로 돌아올 때까지 돌고 또 돌아보세요.

〈단순함의 선물〉은 앤 리가 죽은 지 60년이 지난 1848년, 메인주에 있는 앨프리드 셰이커 빌리지의 조지프 브래킷 장로가 작곡한 노래로, 이후 가장 유명한 미국 민요 중 하나가 되었다. 이 노래의 단순한 가사와 멜로디는 모든 것이 덜 까다롭고 덜 복잡했을, 이미 사라져 버린 초기 미국인들의 단순한 삶을 떠올리게 한다. 〈단순함의 선물〉은 빠른 춤곡으로 여겨진다.

가사 중에서 "모두가 환희에 찰 때까지 돌고 또 돌아보세요." 라는 구절은 글자 그대로 받아들여야 한다. 이 부분은 예배 날

최소한의 삶
최선의 삶

* 국내에는 〈소박한 선물〉이라는 제목으로 번역되었으나 통일성을 위해 여기서는 '단순함'으로 번역했다.

신자들이 집회에서 빙글빙글 돌다가 방향을 바꾸는 신호이다. 셰이커 교도들이 만든 만여 곡의 영가 중 하나인 이 노래의 가사는 계도적, 상징적, 또는 시적인 의미 이상이다. 이 간결한 가사는 능동적이다. 가사는 행동으로 실현되고 그 속으로 사라진다. 예배를 위한 단절single-verse 영가이자 빠른 춤곡인 이 노래의 검소함과 간결함 속에서 가사와 행동은 하나가 된다. 형식과 내용 모두 단순하기 때문이다. 여기서 가사는 행동을 넘어서지 않으며 행동 그 자체이다. 단순성이라 부르는 단순한 공생 관계에서 행동이 가사인 것과 마찬가지다.

〈단순함의 선물〉은 금욕적이지도, 그렇다고 지나치게 활동적이지도 않은 셰이커 교도들의 삶의 에너지를 담고 있다. 이 곡은 셰이커 신앙의 근본이 되는 세 가지 선물을 노래한다. 바로 단순하게 사는 것, 자유롭게 사는 것, 그리고 "마땅히 있어야 할 곳에 오게 된 것"이다. 단순함과 자유, 그리고 소속감을 '선물'로 표현한 것은 이들의 신념이 하느님과 '마더 앤 리' 또는 떠난 이로부터 시작되었다는 그 특별한 기원을 나타내기 위함이다.

노래나 춤 또는 여타 활동에서 선물을 받는 개별적인 '매개자'들은 선물의 종착지가 아니다. 한 사람에게 나타나는 단일한 징후일 수도 있지만, 영적인 선물은 보통 공동체 구성원들과 공유되는 것으로 여겨진다. 또 다른 영가인 〈단순함의 공Balls of Simplicity〉은 이 점을 잘 보여준다.

나의 형제자매들이여

내게 단순함의 작은 공이 생겼습니다.

축복받은 아버지 야고보가 내게 이 공들을 주었으니,

오, 그대도 받으시겠습니까? 이 공은 당신을 자유롭게 할 것입니다.

셰이커 영가에서는 흔히 단순함 같은 개념에 물리적 형태를 부여하곤 한다. 여기서는 '공'의 비유로 '단순함'의 추상성을 줄이고 구체성을 부여해 그것이 지상의 중력 법칙을 따른다는 것을 보여준다. 언어 수행*과 마찬가지로, 은유는 하느님의 영적인 선물을 물질화하여 지상으로 가져오는 효과가 있다. 떠나간 아버지 야고보가 이 노래의 화자에게 선물한 단순함의 공은 노래하는 이와 춤추는 이를 비롯해, 그것을 받는 사람을 자유롭게 한다. 영가 〈단순함의 선물〉에서처럼, 자유는 단순함을 통해 확산된다.

선물은 본래 일시적인 것으로, 노랫말-행동으로 표현된 후 타인에게 전달되고, 이러한 수신과 전달은 반복된다. 하느님이 선사한 단순함은 사람들이 관계를 맺고 이를 이어갈 수 있게 하는 한편, 해방적 상호주의에 따라 공동체의 모든 구성원을 하나로 결속시킨다. 셰이커 교도들에게 단순함은 자발적으로 행하는

* 언어 구조에 대한 지식에 해당되는 '언어 능력'과 대비되는 용어로, 실제 사용되는 언어를 말한다.

호혜와 상호주의의 끝없는 사슬에서 오는 선물이다. 단순함의 결속성과 자기 전파성, 그리고 전염성은 모든 이를 자유롭고 평등하게 한다. 〈인사의 노래〉 가락, 가사와 스텝에는 단순함과 자유, 겸손이 선율에 맞춰 함께 춤출 때, 비록 처음에는 작은 돌에 걸려 비틀거릴 수도 있지만 결국 더 나은 사회가 찾아오리라는 생각이 담겨 있다.

> 고개 숙여 인사하고 단순해질 것입니다.
> 고개 숙여 인사하고 자유로워질 것입니다.
> 고개 숙여 인사하고 겸손해질 것입니다.
> 정녕 버드나무같이 고개를 숙일 것입니다.
> 고개 숙여 인사할 것이니 이것이 징표입니다.
> 내가 쓴 멍에는 편안할 지어니
> 고개 숙여 인사하고 부서지겠습니다.
> 정녕 나는 바위 위로 몸을 던지겠습니다.

파스칼의 '생각하는 갈대' 비유를 떠올리게 하는 이 아름답고 단순한 노래는 단순함과 자유, 그리고 겸손의 세 가지 개념을 유연하면서도 단단한 나무로 구체화한다. 그러나 자기 이해와 궁극적으로는 모든 창조물에 대한 인간의 우월성을 상징하는 파스칼의 갈대와 달리, 셰이커 교도들은 기꺼이 바위에 몸을 던지고자 한다. 이 노래의 단순한 형식, 노랫말, 리듬은 노래를 쉽게 전파하는 효과도 있지만, 동시에 노래에 담긴 복잡한 메시지를 가리는 역할도 한다.

노래의 마지막 구절은 《마태오복음》 21장 41~44절을 참조한 것으로, 노래하는 이와 춤추는 이에게 단순한 바위, 즉 예수가 한때 목수의 천한 아들로서 거부되다가 영적 교리의 초석이 되었음을 상기시킨다. 《마태오복음》에 등장하는 우화는 "돌 위에 떨어지는 자는 깨질 것"이라고 말하지만, 또한 그들을 치유할 수 있는 단순한 자를 믿으면 깨진 조각은 다시 합쳐져 원래대로 돌아갈 것이라고도 말한다. 돌 위로 떨어진 자들 앞에는 서로 다른 운명이 기다린다. 그들은 산산조각 나 더는 하나가 될 수 없기 때문이다.

모든 선물이 즐거운 노래와 춤으로 현시되는 것은 아니다. 오하이오주 유니온 빌리지의 셰이커 교도들은 찬양 예배 동안 "허리를 굽히고 바닥에 앉아 간단한 음식을 먹도록" 안내받는다.[1] 바닥에 앉아 음식을 먹는 행위는 노래 〈단순함의 선물〉에서 나타난 겸손과 노랫말 "고개 숙여 인사하고"에서 구체화된 단순함을 떠올리게 한다. 그러나 이러한 표현이 담은 메시지는 사뭇 아리송하다. 종파가 성장하면서 이런 모호한 메시지와 극적인 표현은 더욱 빈번해졌다.

셰이커 교세가 가장 컸던 19세기 중반에는 예배 중 영성을 고양하는 춤과 노래를 곁들이는 일이 매우 잦았다. 그러나 이러한 극적인 표현 또는 선물이 담은 메시지가 꼭 직접적으로 해석되거나 공통적으로 적용될 수 있는 것은 아니었다. '발현의 시대'로 알려진 이 종교적 열광의 시기에 셰이커교는 서쪽으로 세를 불려나갔고 젊은 신도들이 많이 참여했다. 특히 젊은 개종자들 사이에서 고양된 표현이 지나치게 많아지면서, 선물의 진정성과 전달자들의 참됨에 대한 의구심이 증폭되었다. 이러한 표현들은 선물의 '매개자'들, 즉 노래와 춤과 설교로 신도들을 좌지우지하는 카리스마적 지도자와 전통적인 겸손, 단순함, 질서를 더 선호하는 구성원 간에 영적, 사회적 불화를 조성했다.

1840년대가 되면서 연합회 차원의 명령에 따라 1845년 '천년왕국법Millennial Law'이 확립되었다. 이는 1821년 강령을 더 엄격하게 수정한 행동 강령이다. 1860년대로 접어들면서 '발현의 시대'가 끝나고 셰이커 법은 더욱 엄격해져 이제 신자들의 침대 시트 색상까지 지시할 정도로 일상 활동에 깊이 관여하기 시작했다. 또한 셰이커 교도들은 그들 공동체를 무절제한 탐욕의 세상과 분리해 경제적, 사회적, 성적, 인종적 평등에 대한 근본적인 믿음을 보호하고자 강령을 강화했다. 이후 다소 완화되긴 했지만 천년왕국법은 셰이커 신앙과 공동생활의 세 기둥, 즉 실용성, 정직성, 단순성을 지속적으로 강화해나갔다.

《천년교회 개요 통람summary view of the millennial church》은 12가지 주요 기독교 덕목을 상술하고 있으며, 그중 여섯 번째가 바로 단순함이다.

참된 단순함의 복음이란 모든 대화와 행동에서 나타나는 경건한 성실함과 진실된 마음의 일치를 의미한다. 이러한 미덕은 선함과 거룩함이 작용한 결과이며, 영혼 안에서 그 모든 자질이 완전히 하나로 일치되도록 한다. 그 생각과 말, 노동은 모두 소박하고 단순하다. (…) 무해하고 더럽혀지지 않으며, 어떠한 악에도 물들지 않는다. 겉치레나 과시, 허영도 없으며 그 모든 것에서 자연스럽게 소박함으로 이어진다. 무엇을 추구하든, 어떠한 힘을 행사하든, 다른 이들과 무엇을 나누든 그것은 모두 오직 하느님의 뜻에 의해 지배되며, 그 모든 것에서 특유한 마음의 일치와 정신으로 나타난다.[2]

통람에 따르면 단순성은 성품과 행동, 생각과 말의 일치함의 덕목이다. 그것은 가장 근본적인 덕목 중 하나로 바뀌지 않고 영원히 지속된다. 성도들의 삶은 이러한 12가지 덕목에서 나온 일곱 개의 도덕적 원리들에 지배되었다. 그중 다섯 번째 원리인 '언어의 단순함'은 단순함의 덕목이 작용한 것이다. 이 원리에 따르면 말을 줄이고 오직 진실만을 말해야 한다. 또한 모든 존칭을 삼가고 신도들 사이에 '나리', '마님', '-씨', '-양' 같은 의미 없는 호칭을 쓰면 안 된다.

단순함, 또는 일자성의 미덕은 공동체의 분열을 초래할 수 있는 계층 구조가 있어서는 안 된다고 말한다. 복음서의 단순함의 미덕에 따라, 셰이커 사회의 구성원은 일자성 속에서 모두 형제

최소한의 삶
최선의 삶

자매들이며 그들 사이의 의사소통은 표현이 단순하며 내용은 진실하다. 마음의 신실함과 언어의 단순함은 "상대 동료를 마땅히 존중할 수 있도록 하며, 언젠가 죽음으로 끝맺을 이 삶의 모든 순간으로 우리를 안전하게 인도한다."

19세기 초, 조지프 미첨과 루시 라이트 이 두 지도자의 영향으로 셰이커교는 오늘날 공동체주의로 알려진 삶의 방식을 채택했다. 셰이커 교도들은 그들의 모든 재산과 노동력, 그리고 노동의 결실을 공동체에 봉헌한다. 그들은 독신주의자고 평화주의자이며 평등주의자이다. 그들은 세상과 떨어져 살았지만 미국 문화에 깊은 영향을 미쳤다. 이들은 세계와 분리되어 있었지만 '비공동체적' 구성원도 받아들였다. 결혼을 반드시 포기할 필요는 없었으며 셰이커 마을 밖에서도 살 수 있었다. '겨울의 셰이커들' 즉, 11월에 셰이커 공동체를 찾아와 개종한 뒤 마을에서 겨울을 보내고 봄이 오면 마을을 떠나는 극빈자들이 내침을 당한 적도 없었다.

셰이커 교도들은 그들의 가까운 이웃, 또는 '속세 사람들'에게 약초 치료제나 농산물, 가구를 팔았다. 18세기 후반부터는 씨앗을 팔기 시작했다. 19세기부터는 우편 주문으로 씨앗을 팔아 큰 수익을 남겼다. 우편 판매 목록에는 간단한 제품이나 약초 치료제도 있었다. 셰이커 교도들은 이름표가 붙은 작은 종이봉투에 씨앗을 담아 배달한 최초의 우편 판매원으로 유명하다. 셰이커 행상인들은 동북부 주들을 여행하며 씨앗과 발명품을 팔았다. 셰이커 교도들은 진보를 거부하지 않았다. 이들은 납작 빗자루, 빨래집게, 원형 톱부터 바퀴 구동 세탁기에 이르는 다양한 발명품을 개발해, 현대적 생활 방식을 정의하는 일련의 가사 혁신을 이끌었다.

그중 오늘날까지 명성이 높은 것이 가구의 단순성이다. 셰이커는 선이 단순하고 쓰임새가 분명한 가구를 물려주었다. 무명의 셰이커 장인들에게 끊임없이 갈고닦은 공정과 생산 방식의 단순함은 단순한 생산물만큼이나 중요했다. 이들에게 단순함은 수단이자 목적이었다.

셰이커 교도들은 그것이 공동체의 더 큰 선에 기여하는 한, 진보와 완전함을 믿었다. 그들은 일상적인 활동을 신이 선사한 '완전함'이라는 재능을 실현하는 장으로 여겼다. 바닥을 쓸고 나무를 톱질하고 씨앗을 포장하는 일은 모두 하느님과 교감하는, 의미 있고 의식적인 활동이었다. 셰이커 교도들의 근면함과 창의성은 그들 자신보다 더 위대한 것이며 그들 안에 자리 잡은 것들의 표현이었다.

〈계간 셰이커Shaker Quarterly〉에 게재된 '셰이커주의'라는 글에서 시어도어 존슨 형제는 이렇게 썼다. "인간의 성취를 높이 평가하라. 인간은 그 이상도 이하도 아닌 바로 자기 자신이 됨으로써 자아를 실현할 수 있음을 믿으라." 자기 자신이 되는 것, 그 이상도 이하도 아닌 자신이 되는 것은 바로 단순해짐을 의미한다. 자아실현으로서의 단순함은 신도들의 권리이자 의무이다.

권리로서 단순함은 개인이 온전히 그 자신이 되도록, 자기실현을 위한 자유를 준다. 의무로서 단순함은 공동체 생활과 산업, 건전한 경제를 위한 규율을 강제한다.

1920년대가 되어 셰이커 공동체가 쇠락할 무렵, 수집가들이 셰이커 가구에 관심을 보이기 시작했다. 에드워드 데밍 앤드루스와 페이스 앤드루스도 그런 수집가들이었다. 그들은 1923년 빵을 사러 처음 행콕 셰이커 빌리지에 방문했던 기억을 떠올렸다.

세이커 자매들의 나긋한 목소리가 우리를 따뜻하게 맞아주었다. 우리는 빵 두 덩이를 샀다. 길고 깨끗한 '조리실'에는 가대식 탁자와 벤치, 흔들의자, 붙박이 찬장, 아치형 조리대가 눈에 띄었다. 그 단순함에 있어 모든 가구가 아름다웠다. 이윽고 빵을 먹는 동안, 우리는 허기가 빵만으로 채워지지 못할 것임을 알았다.**3**

이들 부부는 훌륭한 셰이커 가구들을 수집하고, 셰이커에 대해 광범위한 글을 남겼다. 그러나 첫 방문 때까지만 해도 셰이커 교도들이 19세기부터 우편 카탈로그와 전시장을 통해 가구를 팔았음을 알지 못했다. 일부는 대서양 건너로 팔려가기 직전이었으며, 이후에도 오랫동안 가구 디자인에 영향을 미칠 것이라는 사실 또한 예측하지 못했을 것이다. 그럼에도 이들은 셰이

제3장

단순함의
선물

커 가구의 아름다운 단순성을 발견하고 그 진가를 알아보았다.

건축가이자 가구 디자이너, 그리고 코펜하겐 장식예술 박물관의 공동 관리자인 카레 클린트는 1927년 등받이가 사다리 모양으로 된 셰이커식 팔걸이 흔들의자를 받았다. 미니멀리즘과 기능주의로 알려진 현대 덴마크 가구 디자인 운동의 개척자인 클린트는 이 의자의 단순한 선에 매료되었다. 얼마 후, 박물관에 이들 의자 중 하나가 전시되었다. 이 아름다운 가구는 1937년 앤드루스 형제의 책《셰이커 가구Shaker Furniture》가 출판되고 난 이후에야 비로소 셰이커 교도의 작품임이 알려졌다.

2년 후 덴마크 도매 협동조합의 뵈르게 모겐센은 셰이커 가구 디자인에서 영감을 받은 단순한 선의 가구를 대량으로 생산하기 시작했다. 대량 생산 및 수출이 본격화되면서 유럽과 미국 시장은 셰이커로부터 영감을 받은 가구와 의자, 탁자와 찬장으로 넘쳐났다. 셰이커식 가구의 인기가 높아지면서 이들의 신앙과 문화도 상품화되었다.

1960년대에 '셰이커'라는 말은 단순한 선을 가진 고품질 제품을 의미했다. 이러한 인식 변화에 대해 신도 R. 밀드레드 바커는 다음과 같이 말했다. "나는 하느님을 섬길 것을 맹세하고 최선을 다해 그 약속을 이행한 사람으로 기억되고 싶습니다. 가구가 아니라요."

1960년대, 담백한 선과 기능성으로 대변되는 셰이커식 스타일이 유럽과 미국 양쪽에서 모두 찬사를 받던 이 시기에 셰이커의 단순함은 가정은 물론 주류 문화에 편입되었다. 그리 놀라운 일은 아니지만, 같은 시기 셰이커 디자인과 일본식 디자인이 서로에게서 양분을 얻으며 성장했다. 특히 자신을 '일본계 셰이커'로 부르는 미국인 조지 나카시마는 이 두 디자인을 교합한 작품을 만들기도 했다.

독일의 가구 제작자이자 교사인 크리스티안 벡스부르트는 연구를 통해 셰이커 가구가 일본 양식이 그러하듯 단단한 목재 구조물의 이음새를 노출시키면서 자연스러운 나뭇결을 표현하고 있음을 보여주었다. 나뭇결이 무엇을 '말하는지' 이음새가 무엇을 '연결하는지' 훤히 드러낸다는 점에서, 셰이커 디자인은 개방성, 직접적인 효용성과 겸손함을 상징했다. 그 유명한 셰이커 타원형 상자가 아름답다고 해도 그것은 그것만의 분명한 목적을 가진, 즉 보관을 위한 상자일 뿐이다. 그것은 세계에서 가장 유명한 박물관의 진열장 안에서도 상자로 보여야 한다. 뉴욕 메트로폴리탄 미술관은 2016년 7월부터 2017년 8월까지 셰이커 가구와 직물 전시회를 열고 셰이커 디자인이 다른 예술 형식과 어떤 접점이 있는지 보여주었다.

디자인 공동체 '퍼니싱 유토피아' 소속 예술가들은 셰이커식 단순함의 내구성에 찬사를 보내며 스톡홀름, 뉴욕, 그리고 셰이커 행콕 빌리지에서 일련의 전시회를 열고 셰이커로부터 영감을 받은 가구들을 전시했다. 이들 디자이너는 "쓰임새에 기반하지 않는 모든 아름다움은 곧 싫증을 불러오고 다른 새것으로 교체되기 마련이다."라는 셰이커 방식을 고수한다. 오늘날 터무니없이 비싼 가격표가 붙는 이 아름다운 가구들은 제작자들에게는 또 다른 가치가 있다.

우리는 셰이커가 남긴 유물의 장인정신과 미니멀리즘을 찬양하고 박물관에 전시하지만, 셰이커들은 오래되어 제 기능을 잃은 물건들을 재활용했다. 셰이커의 단순한 물건은 자원의 효율적 사용과 재활용이라는 역동적인 경제 활동의 일부였다. 이들 물건은 재활용이 쉬운 것은 물론이고 소박하고 단순한 선으로 인해 어디에 두어도 잘 어울린다. 이는 화려한 개성과 독특함에서 아름다움을 구하는, 지나치게 장식적인 것들과 구별되는 점이다. 셰이커식 물건은, 셰이커 교도들이 그러는 것처럼 물건 이상으로 평가해서는 안 된다. "진정한 단순함은 자만이나 거짓 겸손에 굴복하지 않고 진심으로 자신을 이해하는 것이다." 제작자에게 적용되는 것은 그들의 창작물에도 적용된다.

셰이커주의는 단순함의 전형을 보여준다. 우리는 셰이커 교도들의 장인정신과 디자인의 우수함은 기억하지만, 그들이 섬기는 신이 남성이자 여성이었으며, 인종을 가리지 않고 모든 방문자를 환대했다는 사실은 기억하지 못한다. 셰이커들은 겉모습이나 밖으로 드러나는 단순함이 아닌 마음 깊은 곳에서 우러나는, 심오한 단순함을 지니고 있었다.

그들은 지상에 천국을 세우기를 바랐다. 그러나 이들의 신조인 독신주의와 평화주의로 인해, 그리고 무분별한 소비지상주의

등의 외부 요인으로 인해 셰이커주의는 더 이상 확대되지 못했다. 내부 분쟁 또한 공동체의 긴장과 분열 및 폐쇄를 불러왔다. 오늘날 셰이커주의는 미국적 풍속 및 아메리칸 프리미티비즘 primitivism*의 핵심이다. 그들의 유물, 그리고 이제 두 명 남은 셰이커 교도는 현대에 스며든 과거의 모습을 하고 있다. "우리는 여전히 이들을 환영할 수 있을까?" 1980년, 셰이커 교도들과 함께한 경험을 쓴 기사에서 팀 클라크는 이렇게 묻는다.

> 셰이커주의를 미국적 풍속에 편입시키는 것은 우리가 소중히 여기는 셰이커의 미덕인 단순함을 위반하는 일이다.
>
> 그러나 나는 과거 폭도들의 폭력에서 살아남은 신앙이 (…) 이 탐욕적인 세상의 오염된 관심으로부터도 어떻게든 살아남으리라 확신한다. 이렇게 말할 수 있는 것은, 지구상 가장 탐욕적인 장소인 뉴욕시 한가운데에서도 셰이커의 단순함이 승리하는 것을 보았기 때문이다. (…)
>
> 일요일 아침, 맨해튼 트리니티 교회의 높이 솟아오른 네오 고딕식 첨탑 앞에서도 이것을 보았다. 한 무리의 셰이커 교도와 세속의 친구들이 모여 셰이커식 예배를 거행하고 있었다. 이들의 예배는 극도로 단순하게 기획되지는 않아서 시작부터 어려울 것

---

* 원시 시대의 소박한 표현 양식을 중시하고 이를 현대에 접목하려는 철학 및 예술 사조. 원시주의라고도 한다.

같지 않았다.

우리는 차례로 일어서서 말하고 기도했다. 우리는 함께 노래했다. (…)

단순하게 사는 것은 선물이요… 〔계속〕

나는 가만히 지켜보며 귀를 기울이고, 단순함의 가장 큰 적인 나의 자의식과 싸웠다.**4**

팀 클라크는 셰이커 교도가 아니지만, 그들과 마찬가지로 단순함을 통해 결국 그 자신에 대해 환멸을 느낄 수밖에 없는 오만한 자의식을 잠재울 수 있다고 여겼다.

1774년 앤 리와 함께 대서양을 건넌 여덟 명의 은둔자 중 한 명이었던 제임스 휘태커 신부는 "보이는 그대로가 되어라. 당신의 진실한 모습 그대로가 되어라. 하나의 가면 아래 두 개의 얼굴을 숨기지 말지어다."라고 했다. 어느 정도 자기 고백에서 비롯하는 이러한 자기 이해를 '단순함'이라 부른다.

2009년 1월 20일 정오에 요요마, 이츠하크 펄먼, 앤서니 맥길, 가브리엘라 몬테로는 존 윌리엄스가 작곡한 클래식 사중주곡을 연주했다. 그날 정오에 버락 오바마는 미국의 44번째 대통령이 되었다. 취임식을 위해 작곡된 이 곡의 제목은 〈단순한 선물의 선율〉이다.

〈워싱턴 포스트〉에 따르면 이 셰이커 찬송가는 금욕과 애국심, 엄숙함과 심오함, "청렴하고 정직한 미국인의 가치"를 전달하기 위해 섬세하게 짜인 복잡한 형식의 악곡이다. 취임식 당일 날씨가 좋지 않을 것으로 예상되었기에 연주자들은 행사 전에 이 곡을 녹음한 후 당일에는 연주 동작만 취했다. 새 대통령은 짐짓 이 엄숙한 선율에 감동한 듯 소리 내지 않는 악기들을 향해 여러 번 몸을 돌렸다.

이것은 거대한 정치적 연출이었다. 그날 셰이커식 단순함은 거의 찾아볼 수 없었다. 1993년 1월 20일 빌 클린턴 대통령 취임식 날 메조소프라노 메릴린 혼이 혼신을 다해 〈단순함의 선물〉을 불렀을 때도 사정은 크게 다르지 않았다. 1985년 1월 20일, 오페라 가수 제시 노먼은 새로 선출된 로널드 레이건 대통령을 위해 바그너풍으로 셰이커 영가를 불렀다. 이들 취임식을 빛낸 단순함의 노래는 세계 지도자들에게 단순함의 미덕을 상기시키기 위한 것이었다. 그런데 과연 그랬을까?

셰이커주의는 18세기 영국 맨체스터 북부 볼튼 지역의 와들리 공동체에서 시작되었다. 이는 앤 리에 의해 신대륙에 셰이커주의가 들어와 발전하기 전이었다. 와들리 공동체의 제임스와 제인 와들리는 원래 퀘이커 교도였다가 1747년에 자신들의 교파와 결별했다.

셰이커와 퀘이커 모두 특정 종교적, 사회적 가치를 공유하지만, 셰이커들은 18세기 초 영국으로 건너온 프랑스 위그노가 자신들의 연원이라고 말한다. '프랑스예언자파'로 불린 이들은 모국인 프랑스 남부 세벤에서 박해를 피해 이주한 개신교들이었다. 그들은 1706년에 영국에 도착했다. 셰이커 역사학자인 프레데릭 윌리엄 에반스의 저술에 따르면 "18세기 초 유럽 대륙에서 영성신학이 등장한 이후 가장 주목할 만한 종교적 부흥 운동이 뒤따랐다. 그중 하나가 바로 프랑스예언자파다." 그가 계속 이어서 쓰길,

> 마음뿐만 아니라 육체적으로도 매우 독특한 방식이었다. 이들은 환영幻影과 무아지경을 경험했으며, 몸을 격렬히 흔들었다. 남자와 여자들, 심지어 어린아이들까지도 위대한 기적과 경이로움에 몸을 떨었다. (…) 그들은 수년간 유럽의 여러 지역을 떠돌며(수많은 박해를 받으며) 예언적 계시를 이어갔다. 1706년, 영국으로 건너간 부흥 운동은 그곳에서 더욱 광범위하게 전파되었다. 1747년 즈음, 부흥 운동을 이끌던 일부 퀘이커 교도는 그들만의 공동체를 꾸리기 시작했고, 제인과 제임스 와들리가 이들을 인도했다. 앤 리와 그 부모도 이 작은 공동체의 일원이었다.**5**

고국을 떠나 미국으로 긴 여행을 떠난 셰이커 교도들처럼, 프랑스예언자파도 본국을 떠나 이리저리 떠도는 동안 신념이 더욱 굳어진 추방자들이었다. 그들은 천년왕국주의자이고 영성주

의자였다. 그들의 종교적 열광은 17세기 중반 영국의 초기 퀘이커 교도들을 연상시킨다. 프랑스예언자파의 영향력은 광범위했는데, 특히 셰이커주의와 루소의 자연종교에서도 그 흔적을 찾을 수 있다.

마리 후버는 프랑스예언자파의 상징적 후손 중 한 명으로, 1695년 루소의 출생지인 제네바에서 태어났다. 마리 후버의 저작들은 독일어와 영어로 번역되었다. 1736년에 저술한《가면을 벗은 세계, 또는 가장 위대한 사기꾼 철학자The World Unmask'd; or, The Philosopher the Greatest Cheat》는 가상의 철학자 세 명의 대화로 이루어져 있다. 이들 철학자는 각각 단순성, 합일성, 보편성의 성스러운 삼위일체를 상징한다.

> 보편성과 합일성이 불가분의 관계라면 단순성도 이 둘과 그리
> 다르지 않다. 단순한 것이 보편적임에 틀림없다. 그렇지 않으면
> 단순한 것이 아닐 터이다. 여러 부분으로 나눌 수 없는 것을 '하
> 나'라고 하며, 하나인 것은 단순하다. 우리는 하나가 보편적임을
> 입증했다. 즉, 단순한 것은 보편적이며 하나이고, 하나인 것은
> 단순하며 보편적이다.**6**

경건주의자이자 합리론자로서, 마리 후버에게 보편성은 단순성 및 합일성과 구별 불가능하다. 신적인 단순성이란 하느님을 부분으로 나눌 수 없고 하느님과 하느님의 속성이 동일함을 의

미한다. 예를 들면, 하느님은 선善을 그 속성으로 가진 것이 아니라 하느님이 바로 선이다.

후버와 같은 만민구원주의자들은 이 세상이 하느님의 무한한 선으로 가기 위한 통과 의례이며, 남녀노소 불문하고 모든 인간은 보편 화해 속에서 원래의 선하심과 일자성으로 회귀할 것이라고 믿었다. 만민구원론의 한 분파는 영원한 지옥의 가능성을 부정하고 모두를 위한 구원을 천명한다. 여기서 단순함은 달성해야 할 행동강령이나 이상적 목표 이상의 의미를 지닌다. 그것은 세계관과 종말론의 토대가 되는 기본적인 원칙이다.

화해의 의미에서 셰이커들과 초기 퀘이커 교도들을 '만인구원주의자'라고 부를 수는 없겠지만, 그들의 종교적 관점은 주류 정통 교회보다 사회에 더 쉽게 수용되었다. 프랑스예언자파들과 마찬가지로, 셰이커와 초기 퀘이커 교도들은 오랜 박해를 견디며 키워온 깊은 종교적 신념을 공유했다. 그들의 확고한 신념은 공동체 구성원들을 결속시키고 새로운 개종자들을 끌어들였다. 그들의 단순한 방식은 내면 깊이 자리한 단순성이 표출된 결과로, 그들은 이 방식이 모두에게 확장될 수 있으리라 믿었다.

앤 리가 영국을 떠나 미국으로 향하기 2년 전인 1772년, 한 미국인이 그녀와 비슷한 뜻을 품고 영국에 도착했다. 바로 단순한 삶의 미덕과 보편적 사랑을 천명하겠다는 목표였다. 그의 이름은 존 울먼으로, 퀘이커 교도였다. 그가 남긴 일기는 북미와 그 너머 지역에서 18세기의 단순한 삶에 대한 가장 흥미로운 기록 중 하나로 남았다. 셰이커들은 신대륙에 정착한 이후에는 그들 공동체의 연원을 맨체스터까지 거슬러 올라가지 않았다. 반면에 퀘이커들, 자칭 '교우들'은 대서양을 오가며 자신들의 기원을 추적했다.

1646년 후반 또는 1647년 초에 조지 폭스와 함께 최초로 '퀘이킹'을 경험한 엘리자베스 후턴은 1672년 자메이카에서 죽기 전까지 아메리카 대륙으로 세 번 전교를 떠났다. 두 차례 방문했던 뉴잉글랜드 청교도의 채찍질도 그녀의 종교적 신념을 꺾을 수 없었다.

1666년 퀘이커교로 개종한 윌리엄 펜은 1682년 '형제애의 도시', 필라델피아를 세웠다. 2년 후 영국으로 간 그는 1699년이 되어서야 펜실베이니아로 돌아올 수 있었다. 그동안 퀘이커 도시를 열망했던 그의 꿈은 실현되지 못했다. 그러나 신대륙에서 퀘이커와 셰이커들은, 그들보다 앞서 왔던 청교도들과 마찬가지로 단순한 삶과 소박함, 겸손을 핵심 가치로 여기는 새로운 사회를 이룰 기회를 얻었다.

셰이커와 퀘이커, 프랑스예언자파 이 세 집단 중에서도 셰이커 교도들은 속세와 부분적으로 거리를 두고 살았기에, 계속되는 경계와 곤궁함 속에서도 그들만의 단순한 생존 방식을 지킬 수 있었다. 그러나 이들 세 분파는 모두, 일부 신도들이 단순함을 세속적 이득과 맞바꾸는 기간을 거쳐야 했다. 단순한 방식을 포기하는 배교자들이 점점 늘어나자 이에 분개한 퀘이커와 셰이커 공동체는 공동으로 대응했다. 눈먼 돈이 양심을 훼손하는 데 맞서 독실한 신도들은 주위 사람들에게 자신들이 생활 방식에서는 물론 종교적으로나 사회적으로 핵심 미덕인 단순함을 충실하게 따르고 있다고 강변했다.

퀘이커교는 1646~47년 영국 미들랜드 지역에서 시작되었다. 퀘이커 교도들은 모두 신적 존재, 혹은 '내적인 빛'을 믿었다. 그들은 성직자와 정부 당국을 불신했다는 이유로 반율법주의 혐의를 받았다. 또한 신념의 근거를 성서가 아닌 '내적인 빛'에 두었다는 이유로 잔인한 박해를 받아야 했다.

초기 퀘이커 교도들은 종교적, 시민적 불복종으로 유명했다. 교우들은 확고한 종교적 신념에 따라 전통적인 예배 의식을 중단했다. 그들은 윗사람 앞에서 모자를 벗는 관습인 '모자 경의'를 반대하고, 모두가 평등하게 태어났음을 알리고자 했다. 계급이나 지위와 관계없이 담담히 '그대'라고 부르며 과도한 존칭은 삼갔다. 주류 종교에 대한 저항의 강도에 비례해 이들에 대한 박해도 커져만 갔다.

제임스 네일러도 종교 당국의 분노를 산 교우 중 한 명이었다. 그가 부활절 직전의 일요일인 종려 주일에 영국의 항구 도시 브리스톨에 들어섰다. 예수의 예루살렘 입성을 재연하면서 말이다. 그 이유로 그는 체포되었다. 이마에는 신성모독blasphemy을 뜻하는 'B'라는 낙인이 찍혔다.

제임스 네일러는 비록 종파 내에서 논쟁을 불러일으키기도 했지만, 조지 폭스와 함께 초기 퀘이커교의 주요 영적 지도자 중 한 명이었다. 신성모독으로 투옥되고 고문을 받기 이전에도, 네일러는 단순함의 길을 가는 사람으로서, 새로운 그리스도로서 추종자들의 존경을 받았다. 그는 1716년 런던에서 출간된《다양한 책과 서신, 논문 모음A Collection of Sundry Books, Epistles and Papers》에서 동료 퀘이커 교도들에게 다음의 같은 경구를 남겼다. "날마다 단순함을 저버리고 그 길에서 벗어나려 하니 평화의 주 하느님이 그를 꾸짖으신다." 네일러가 볼 때 타락한 신자는 악마의 먹잇감이 되는데 이 악마는 단순한 삶을 사는 사람을 유혹한다. 단순하지 않은 사람은 정욕과 '자기 파멸'의 노예가 된다.

네일러는 담담하면서도 생동감 넘치는 문장으로, "육지를 배회하는 뱀은 우리 상상에 침투하려 하며, 그곳에서 창조물들이 그에게 말을 걸도록 하고, 육신으로서 '단순함'의 창조물들을 꾀어내고, 그리하여 창조물들을 자기 안에 가둔다."라고 썼다.

이 문장에서도 볼 수 있듯이, 네일러에게 단순함이란 이타심의 발현이다. 그것은 하느님이 개인의 양심에 골고루 분배한 것이지만 언제나 뱀의 위협, 유혹하고 기만하고 분열시키는 자의 위협에 노출되어 있다. 뱀은 이중성, 즉 자아의 분열을 상징한다. 분열된 자아는 '자기 안'에 갇히고 그 상태로 자기 안에 흡수되어 '자기 파멸'적인 것에 몰두한다. 따라서 네일러가 한 교우에게 보낸 편지에 보이듯 두려움이 생긴다.

"진정으로 나의 마음은 분열에 대한 두려움으로 가득 찼습니다." 분열은 악마의 활동이다. "그러나 삶의 단순함으로 이끄는 것, 최초 인간의 머리가 아닌 영혼에 드러나는 것, 부활로 인도하는 것"은 선이다. 단순함은 '자아'라 불리는 정복되지 않는 내적 요새를 둘러싼 성벽이 아니다. 그것은 삶이요, 부활이며, 진정한 영적 풍요다.

"거짓된 단순함을 겪는 이들은 (…) 다시 속세의 낡고 빈천한 근본으로 되돌아가게 된다." 거짓됨의 대가는 크다. 이들 현혹된 자들은 영혼의 결핍을 가리는 풍요의 베일에 몰두한 나머지 영적인 빈곤은 보지 못한다. 네일러에게 가장 중요한 것은 단순함과 단순한 이들을 집어삼키는 수많은 기만을 경계하는 일이다. 어떤 이들은 단순함의 말씀에 "의미를 더하거나 왜곡함으로써 그 진실함을 잃게끔" 내버려 둔다. 그리하여 왜곡과 불필요한 보충이 복음의 단순한 진실을 더럽히게 한다.

네일러의 경고는 여전히 진실을 담고 있다. "지금은 단순함이 교묘함의 덫에 걸린, 위험한 시대입니다." 교묘함, 자신에 대해 언급하지 않는 그것은 종말이 가까워졌다는 징후이다. 그리고 하느님의 "고요하고 조용한 음성"은 해독할 수 없는 징후와 분노의 목소리에 묻혀 거의 들리지 않는다. 단순함은 신의 속삭임을 듣기 위한 의식의 침묵이다.

윌리엄 펜은 자신의 책《고난 없이 영광 없다No Cross, No Crown》에서 초기 기독교인들이 "단순함의 복음을 누릴 수 있기에", 그리고 "거짓된 지식의 교만"에 휘둘리지 않고 부자들의 거짓말과 착각을 멀리할 수 있었기에 단순하게 살 수 있었다고 말했다. 비록 17세기의 퀘이커들 일부는 "복장에 특히 주의를 기울인" 초기 기독교인들을 본받아 여전히 평범한 옷을 입었지만, 펜이 탄식한 것처럼, 다른 많은 교우에게 복장은 "가장 사소한 부분"이었다. "입기 위해서가 아니라 보이기 위한, 치장을 위한 옷을 만들어지기 시작한 것처럼, 방종, 쾌락, 요란한 사치"가 유행하고 있다. 사치, 과잉, 허영 등 단순함과 소박함의 모든 적에 대해 펜이 내비친 우려는 또 다른 형태의 낭비에 대해 말하면서 분노로 변한다.

초기 기독교인에게 여가 행위란 "신을 섬기고, 정의롭게 행동하고, 신의 목소리를 따르고, 양 떼를 돌보고, 선한 일을 하며, 엄숙과 절제, 미덕을 따르는 방식으로 신체를 단련시키는 행위"를 말한다. 윌리엄 펜의 관점에서 여가 행위는 필요나 덕목과는 거리가 멀었다. 잠깐 즐거움을 누릴 수 있으나 "수치스러울 만큼 추잡한" 수준까지 치닫지 않아 일을 마쳤을 때 불쾌함을 남기지 않는 것이 여가 행위다. 펜이 하려는 말은 명확하다.

이 얼마나 비열한가! 이성적인 피조물로서 얼마나 수치스럽고 불합리한 일인가! 앎을 부여받고 영생을 관조하며 천사의 동반자가 될 수 있는 인간이, 작은 티끌, 수치스러운 누더기, 교만과 허영만을 위한 발명품, 어리석고 기이한 장난감, 지루하고 저속

제3장

단순함의
선물

한 오락에 신경을 쓴다. 딸랑이, 인형, 목마, 팽이는 단순한 아이들을 위한 것일 때만 어리석거나 부끄러운 것이 아닌, 보살핌과 즐거움을 위한 인간의 발명품이 된다. 인간의 고귀한 마음에, 천국과 지상의 위대한 창조주의 상像에, 그러한 허영은 엄청난 어리석음의 표시일 따름이다.[7]

철없는 아이나 유인원처럼 행동하고 생각하고 느끼는 사람은 하느님이 주신 능력을 낭비하는 것이다. 인간의 고귀함은 자신의 능력을 적절히 활용하는 데서 나온다. 단순한 존재로서 단순하게 사는 것은 그 자신이 가진 자원을 현명하게, 아끼며, 적절히 사용하는 것을 뜻한다. 펜은 인간의 합리성이 경박한 습관과 유치한 오락거리를 위한 것이 아니라며 그렇지 못한 현실을 못마땅하게 여겼다.

펜실베이니아와 잉글랜드의 교우들 모두가 펜의 까다로운 합리적 휴머니즘에 귀를 기울인 것은 아니다. 부유한 이들의 저항이 컸다. 조지 폭스와 윌리엄 펜은 상인과 사치품, 그리고 농민 착취에 대한 경멸을 숨기지 않았다. 그러나 재산 포기는 신념을 흔들었으며 일부 교우들은 갈등했다. 많은 퀘이커 교도는 엄격한 훈계를 거부했으며, 지나친 단순함은 과잉만큼이나 비난받아 마땅하다고 여겼다.

17세기 스코틀랜드 저술가 로버트 바클레이가 대표적이다. 그의 저작인 《참된 기독교 신에 대한 사죄Apology for the True Christian

Divinity》(1676)는 보수적인 퀘이커 저술에 나타나는 엄격한 훈계를 반박한다. 일부 전통적인 교우들이 단순함을 잃었다며 비판한 오락거리에 대해 바클레이가 어떻게 생각했는지 한번 보자. 그는 극劇에 대해 다음과 같이 물었다. "그것은 쓸데없는 말들을 얼마나 많이 생산하는가? 정녕, '코미디'란 '쓸모없고 거짓된 말들의 의도된 조합'이 아니면 무엇이란 말인가?" 바클레이에 따르면 극은 쓸데없는 거짓말들, 즉 결코 단순하다고 할 수 없는 말들을 생산해낸다. 그는 코미디를 '의도된 조합'으로 묘사한다. 여기서 '의도된'은 부자연스러움을, '조합'은 단순하지 않음을 의미하며, 이러한 이중 효과로 극의 유해성은 강조된다. 그러나 바클레이는 오락 활동을 질책하면서도 한편으로는 의도만 좋다면 받아들일 만하며 실제로 유익할 수 있다고 결론 내린다.

고결한 작업에 마음의 휴식이 필요한 것처럼 '외형의 인간', 즉 의로운 고행 중인 육체도 휴식이 필요하다. 바클레이는 휴식이 늘 불필요하고, 부도덕하며, 헛되거나 부정한 것은 아니라고 말했다. 바클레이는 의복과 여가 활동, 재물에서 과한 단순함이란 무엇인지를 논하며, 어쩌면 풀 수 없을지도 모를 문제를 제기한다. 지나친 단순함이란 무엇인가? 단순함은 그때그때 달라지는 유동적인 목표인가? 단순함의 상대화는 보편성과 지속성, 그리고 어쩌면 그 본질에도 의문을 제기할 수 있음을 뜻했다.

몇몇 교우들에게 단순함의 계명은 수익성 좋은 사업과 일자리의 포기를 의미했다. 이러한 사업은 그리스도 안에서 위대함을 이루는 것을 방해할 수도 있기 때문이다. 어떤 사람들은 이윤을 위해 인간을 팔고 사며 노예화하는 행위, 그리고 어떤 생명에게든 폭력을 행사하는 행위를 용납할 수 없었다. 폭력과 탐욕, 그리고 노예제도에 반대한 수많은 교우 중에서 특히 두 사람이 유명하다. 그중 한 명은 왜소증 환자인 벤저민 레이로, 격렬한 노예제 폐지론자였다. 다른 한 명은 위에서도 언급한, 퀘이커들의 삶에 대한 인상 깊은 기록을 남긴 존 울먼으로 그는 좀 더 차분하고 상냥한 사람이었다. 두 사람은 추구하는 가치가 비슷했으나 방식은 달랐다.

존 울먼은 힘든 어린 시절을 보내며 우리 모두에겐 생명을 돌보게 하는 선함의 양도 불가능한 원칙이 자리함을 알게 되었다. 퀘이커교 역사가인 프레데릭 톨레스에 따르면 울먼은 "역사상 가장 조용한 급진주의자"였다. 그의 목소리는 "차분하고 낮았지만" 많은 이가 단순함과 평화, 정의, 평등에 대한 메시지에 귀 기울였다.

그는 성공적인 양복점 경영자였고, 본인의 말에 따르면 타고난 장사꾼이었다. 그러나 부가 가져오는 곤란한 상황들, 더 많이 팔기 위한 사업 확장 충동은 그가 영적, 지적, 육체적으로 지지했던 단순함의 원칙에 어긋났다. 단순히 살기 위해 그는 사업과 부를 포기하는 대신 이타적인 일에 헌신하기로 결심했다. 가난한 사람, 노예, 그리고 자기 목소리를 내지 못하는 많은 이와 인간이 아닌 모든 생명까지 돌보고자 했다.

최소한의 삶
최선의 삶

영국의 공장 생활과 노동 환경이 열악하다는 말을 들은 그는 미국을 떠나 영국으로 향했다. 거기서 산업혁명의 희생자들에게 단순한 삶과 친절, 존경의 시민적인 복음으로 그들의 고통을 덜어줄 수 있길 기도했다. 사망하기 몇 달 전 영국 요크셔에 있을 때—그는 결코 미국으로 돌아오지 않았다—꿈속에서 절망에 빠진 인류를 상징하는 듯한 "흐릿하고 음울한 색 덩어리"를 보았다. 그는 자신이 "고유한 또는 개별적인 존재"가 아님을, 타인의 삶을 나아지게 하는 게 자신의 소명임을 알았다.

1793년 사후에 출판된 울먼의 책《가난한 이들을 위한 호소 Plea for the Poor》는 다른 사람을 부자로 만들기 위해 일해야 하는 빈자와 곤궁한 이들에 대한 "연민의 의무"를 호소하는 유언이다. 이 가난한 사람들은 끔찍한 환경에서 사람들의 마음을 노예로 만들 쓸모없는 상품을 생산하면서 겨우 생계를 이어간다. 그의 조용한 급진주의에는 온정주의도 생색을 내려는 기색도 없었다. 그리스도의 사랑이 모든 존재에게 미치듯, 그의 사랑도 그러했다.

주님의 숨결이 모든 지각 있는 피조물에 생명의 불꽃을 타오르게 했기에 보이지 않는 신을 사랑한다고 말하면서, 그로부터 잉태된 모든 생명, 주님의 숨결로 인해 살아 움직이는 작은 피조물에 잔인함을 행사하는 것은 모순이다. 나는 종파와 의견을 존중하는 데 어떠한 편협함도 없으나, 모든 사회에서, 진실로 하느님을 사랑하는, 진실로 올바른 마음을 가진 이라면 누구든 하느님께서 받아주실 것으로 믿는다.

십자가 아래 살며, 단순히 진리의 문을 따르면서 나의 마음은 매일매일 깨우침을 얻었다. (…) 내 마음은 연민과 때로 깊은 회한에 찼으며, 인간을 향한 보편적인 사랑은 더욱더 커졌다.

위의 책에 등장하는 이 구절은 존 울먼의 삶이 어떠했는지 보여준다. 그는 모든 피조물을 사랑했다. 그의 깨우침은 그가 '진리의 문'이라고 부른 것에서 나오는데, 이것은 모든 부정의를 유발하는 내적 모순을 노출해 결과적으로 진리를 드러낸다. 가장 큰 모순은 하느님에게 생명을 얻은 창조물을 증오하면서 동시에 하느님을 사랑하는 것이다. 이어서 그는 다음과 같이 말한다.

나는 하느님의 사랑이 진정으로 완성되는 곳에서, 지배하는 자의 참된 영혼이 주의 깊게 살피는 곳에서, 우리에게 종속된 피조물을 향한 연민을 경험하고, 위대한 창조주가 동물을 지으며 의도하신 생의 달콤함을 우리의 지배 아래에서 빼앗지 않을 때 우리 안에 배려가 있음을 느낀다.

울먼에게 연민과 돌봄의 의무는 정부, 시민과 가정, 인간과 동물 사이의 모든 상호작용의 근간이 된다. 다음 글에서도 볼 수 있듯이, 돌봄의 보편적 윤리 속에도 단순함이 있다.

오, 내 영혼이여! 평화의 군주가 그대의 주인이오니, 그의 한 점 티끌 없는 지혜를 그 가족들에게 전하여, 완전한 단순함 속에서 사는 그들이 어떠한 동물도 해하지 않도록 하여 하느님이 걸으신 길을 걷게 할 것이다!

존 울먼이 말하는 단순함은 마음과 정신, 육체, 모든 것을 다해 생명에 대한 연민을 실천하는 것이다. 연민으로서 단순함은 세상을 채우고 불의와 불평등과 모순을 씻어내는 감정이자 모든 행동의 동기다. 완벽한 단순함은 작고 위대한 행동에서 드러나는 단순함이다. 그것은 또한 행동이 모든 존재를 위해 정의와 평등의 덕목을 충족하게끔 주의하고 경계하는 일이다.

작은 행동이란 인디고 염료 생산에 노예가 동원된다는 이유로 청바지를 거부하고, 말에게 고통을 주지 않기 위해 말을 타는 대신 걷는 것과 같은 행동이다. 그리고 위대한 행동이란 다른 이들을 잔인하게 괴롭히는 퀘이커교 노예주에 맞서고, 고용 계약의 굴레를 쓴 영국 노동자들의 기본권을 지키기 위해 대서양을 건너는 것과 같은 행동을 말한다. 존 울먼은 이러한 포부를 동시대의 다른 퀘이커 교도들과 공유했다.

그와 같은 시대를 살았던 앙투안 베네제는 프랑스 프로테스탄트 집안에서 태어나 1727년 퀘이커교로 개종했으며 4년 뒤 미국 필라델피아로 이주했다. 베네제는 강경한 노예제 폐지론자이자 타고난 교육자였다. 그는 최초의 노예제 폐지론자 협회인

'불법 구금된 자유흑인 구제협회'를 비롯해 미국 최초의 여성 공립학교와 흑인 아이들을 위한 학교를 설립했다.

앙투안 베네제는 많은 교우가 세상의 부와 재물에 얽매여 길을 잃고 종교적 신념을 잃는 광경을 목격했다. 단순함 같은 근본적 가치에 대한 헌신이 흐려진 데 대한 대응으로, 가톨릭 신비주의에서 영감을 얻은 공격적인 정숙주의가 등장했다. 베네제는 다른 정숙주의자 퀘이커들과 마찬가지로 겸손함과 순수함을 갖추는 것은 물론 하느님의 뜻을 겸허히 수용해야 한다고 주장했다. 또한 집단적 경건함을 강조하며 세상의 유혹에서 멀어질 것을 주장했다.

베네제는 《행실과 대화에 있어서 소박함과 단순함의 준수 Observations on Plainness and Simplicity in Conduct and Conversation》라는 소책자에서 참된 퀘이커 원칙으로 소박한 말과 의복의 중요성을 재차 강조했다. 그에 따르면 단순함과 소박함을 벗어난 퀘이커 교도들의 행위는 퀘이커 원칙뿐만 아니라, 교우들에게 단순한 행동과 태도를 기대했을 비-퀘이커 교도들을 배신하는 것이었다. 단순함은 퀘이커교의 외적 상징이자 그들을 세상과 분리하고 동질적인 공동체로 통합시키는 표식이다.

정숙주의 퀘이커들에게 단순한 삶의 약속은 곧 "세계를 극복하는 것"이다. 베네제는 "친애하는 어린 교우들이여, 의복과 언행에서 십자가를 져야 함을 깨닫고, 거기에 순종하기로 한 교우들이여, 좌절하지 말지어다."라고 썼다. 또한 젊은 세대들에게

몸과 마음을 다해 주 예수의 십자가, 단순함의 십자가를 지라고 권유했다.

18세기 후반, 정숙주의 퀘이커교의 주요 교리를 고수했던 엘리어스 힉스는 교우들을 크게 분열시켰다. 그는 퀘이커 교도들이 그리스도의 신성을 들먹이기보다, 도덕적 본분을 따르고자 애써야 한다고 주장했다. 그를 추종하는 '힉스파Hicksite'는 겸손과 인내 역시 옹호했다. 힉스는 일기[8]에서 퀘이커교의 기본 가치인 "경건한 극기 천명"으로서의 단순함과 순수함을 잃어가는 현실을 경고했다.

힉스와 그의 추종자들에게, 훈련과 고행을 통해 도달하는 단순함은 세상과의 분리를 받아들였다는 표식이며 새로운 삶을 위한 조건이다. 일기는 특히 젊은 교우 상당수가 단순한 삶에서 이탈하는 데 대한 한탄으로 읽힌다. 그는 "본래의 단순함으로부터의 변절"에 대해서도 썼다. 1813년 12월 26일 일기 첫머리에서 그는 단순함이 지배하던 특별한 만남에 대해 언급했다.

모임 내내 무력감과 영적 가난에 휩싸인 채, 완전히 체념한 상태에서 그저 주님의 뜻에 합당하기를 믿을 뿐이었다. 그러나 모임이 끝날 무렵, 한 정직한 나이 든 교인이—이런 모임에서는 상대적으로 젊고 어렸지만—어느 정도 삶이 녹아든 한두 마디를 건넸다. 그 말이 걱정스러운 마음에 생기를 불어넣는 것만 같았고, 우리는 대화를 이어갔다. 거리낌 없이 자기를 드러내는 그 소박함과 단순함은 나이를 불문하고 그가 주의 백성과 자녀임을 알리는 진정한 표식이자 증표였다. 그것은 우주 만물의 참된 본성과 비유로 증명되며, 인류 전 세대에 걸친 하느님의 종을 통해, 주의 은혜와 선한 영혼의 증언으로 입증된다.

이 지점은 단순함의 두 가지 특성을 포착하고 있다는 측면에서 특히 중요하다. 첫째는 영적인 가난이다. 힉스는 신의 뜻에 따라, 수동적으로 이를 경험한다. 영적으로 가난하며 단순한 이들, 자신의 빈곤과 염원을 겸허히 의식하는 이들만이 하느님 안에서 풍부한 영성을 찾을 것이다. 그 자신 영혼의 빈곤함을 보지 못하는 자는 영속적 가치가 없는 재물 축적에 필사적으로 매달릴 것이다. "영혼이 가난한 자는 복이 있나니 천국은 그들의 것이다."는 예수가 '산상수훈'에서 말한 첫 번째 지복이다.

힉스의 일기에 등장하는 단순함의 두 번째 특성은 '지울 수 없음'이다. 단순함은 모든 피조물에 임하는 하느님의 표식이다. 이는 영구적이고, 보편적이며 명료하다. 힉스의 일기에서 단순함은 영적인 간절함, 신성함의 표식, 순수한 부재와 영원한 현존이다. 이렇듯 이상화된 단순함을 따를 수 있는 이가 적은 것도 이상한 일은 아니다. 오직 초기 기독교인들만이, 또는 그들의 사상을 간직한 이들만이 의복과 언행, 마음과 영혼에서 전적으로 단순하고 소박할 수 있었다. 힉스는 죽는 날까지 젊은 세대들이 단순함을 벗어난 것을 안타까워했다.

'옛 교우 엘리어스 힉스를 기리는 예리코 월례회 추도문'에서 한 사람이 읽는다. 힉스는 말년에 괴로움을 겪었다. "진실이 인도할 소박함과 단순함으로부터 이탈한" 많은 사람 때문이었다. "이러한 측면에서 개혁이 이루어지는 것을 보아야 그는 만족을 표할 것이다." 용기 없는 자들은 힉스의 단순함을 받아들이지 못한다. 단순함은 진리로 인도하지 않지만 진리는 단순함으로 인도한다. 단순함은 지금 여기를 '진리', 수많은 믿음 체계의 성배와 같은 더 고차원의 목적으로 이어주는 매개가 아니다. 단순함이 바로 성배다.

이처럼 이상화된 단순함과 평범함은 당시 교우들의 글보다는 초기 퀘이커주의 문헌이나 힉스파의 저술에서 더 자주 발견되었다. 그러나 사실 퀘이커들이 지켜야 할 규범은 아니었다. 많은 퀘이커에게 단순함은 사회적 정의나 평등주의와 같은 굳건한 신념에서 비롯한 의복과 언행의 문제였다. 단순함의 복음은 여러 해에 걸쳐 자발적 빈곤이나 지속 가능성, 모두를 위한 정의 같은 퀘이커 신념의 근원과 신앙 고백에 스며들었다.

17세기 초반 이후 이들 '빛의 자손들'(당시 퀘이커들은 스스로를 이렇게 불렀다)은 좀 더 단호히 목소리를 내기 시작했다. 공개적으로 반대 의사를 드러내고자 영국 성공회 예배를 방해하는 일도 서슴지 않았다. 초기 퀘이커들이 전통 종교의 거짓에 저항한 방법 중 하나는 공동장소에서 예언자 이사야의 모습처럼 '벌거벗은 채로 걷기'였다. 1652년 조지 폭스는 다음과 같이 썼다. "주님께서 한 사람을 너희 사이로 벌거벗은 채 걷게 하시니, 그대의 벌거벗음과 너희의 벌거벗음의 상像으로서, 너희의 파멸이 오기 전에 너희 가운데 있음을 알리기 위한 징후로서 네가 벌거벗었으며 진리로 덮이지 아니하였음을 알게 하려는 것이다."⁹

1650년대와 1660년대 초, 많은 퀘이커 교우가 세속의 옷을 벗어 던지고 스스로 벌거벗음, 불필요한 어떤 옷으로도 가릴 수 없는 벌거벗음을 내보였다. 퀘이커들에게는 따로 성문 교리가 없었으며 벌거벗음이나 마대로 만든 옷, 또는 몸을 재로 덮는 등의 '표식'으로 그들의 가르침을 전파했다. 장로교 목사이자 학자인 윌리엄 크레이그 브라운리는 퀘이커 교우들에게 큰 관심이 없었음에도 이들의 항거가 고대 그리스 견유학자 디오게네스로부터 시작해 중세 프랑스 투르루핀파로 이어지는 반항적 나체주의의 오랜 전통을 따르는 것임을 곧바로 알아챘다. 퀘이커 교도들에게 벌거벗음은 가난을 맹세하는 진정한 자기 고백이었다.

18세기, 선구적 노예 폐지론자인 벤저민 레이는 퀘이커 교우들이 연출한 경이로운 항거를 보고 퀘이커주의와 견유학파의 연관성을 깨달았다. 1738년 9월 19일, 레이는 동물 오줌보에 붉은 열매즙을 채워 이를 속이 빈 성경책에 숨기고는 뉴저지 벌링턴에서 열린 퀘이커 집회에 참석했다.

연단에 선 그는 노예제를 격렬하게 비판한 후 성경을 치켜들고 칼로 찔렀다. 핏빛 액체가 머리 위로 쏟아졌다. 그는 "그리하여 하느님은 동료를 노예로 삼은 이들의 피를 흘리시리라."라고 외쳤다. 이러한 시위는 격앙된 정신을, 신념의 힘과 그가 다른 이들을 보호하기 위해 기꺼이 감수해야 했던 위험을 보여준다. 미국 전기 작가 마커스 레디커는 레이를 '계급과 젠더, 인종, 환경에 대한 감수성을 갖춘 급진적 채식주의자'로 묘사했다.[10] 모두 그에게 어울리는 별칭이다.

그의 단순함은 극적이지만 진짜였다. 벤저민 프랭클린이 그를 그리스 견유학파 철학자에 견준 일은 유명하다. 1742년 3월 25일자 〈펜실베이니아 관보〉는 레이를 "피타고라스적-견유학파적-기독교적 철학자"로 묘사했다. 1746년 뉴저지의 한 정치인은 그를 "극적-견유학파 철학자"로 불렀다.

제4장

단순한 개혁

S MPLE

'디오게네스의 원숭이'는 볼테르가 장 자크 루소에게 붙인 별명이다. 그러나 칸트에게 루소는 '숭고한 디오게네스'였다. 이러한 호칭은 루소 철학에 대한 볼테르와 칸트의 이견을 보여준다. 하지만 두 사람 모두 루소의 사상을 정확히 포착하는 데는 실패했다. 사실을 말하자면, 이 제네바 출신 철학자는 고대 그리스 견유학자들과 마찬가지로 어느 날 자신의 삶을 단순화하기로 결심했다. 실제로 그는 갑작스러운 삶의 단순화와 더불어 사상가로서의 경력을 시작했다. 이러한 변화를 그는 '개혁'이라고 불렀다. 40대 초반에 저술가이자 철학자로 명성을 얻은 루소는 젊었을 때 자신에게 했던 약속을 지켰다.

젊은 시절, 나는 마흔의 나이를 성공을 향한 노력의 종착점이자 내 헛된 야망이 마무리되는 시점으로 삼았다. 마흔이 된 후, 나는 어떤 상황에 처하더라도 벗어나려고 발버둥 치지 않고, 미래에 대한 불안 없이 매일을 살겠다고 굳게 결심하게 되었다. (…) 그 모든 유혹과 헛된 희망에서 나를 내려놓고 무사태평과 마음의 평안에 자신을 온전히 내맡겼다. 그것은 내게 지극한 즐거움과 오래된 근성이 되었다. 나는 속세와 그 화려함을 버렸다. 나는 모든 사치스러운 것들을 단념했다. 칼도, 시계도, 흰 양말과 금박, 머리 장식도 없다. 아주 단순한 가발과 투박하지만 질 좋은 옷 한 벌이면 충분하다. 나는 외적인 개혁에 머물지 않았다. (…) 나는 내 안의 자아를 엄중한 시험에 들게 했다.[1]

단순한 차림새, 도검 같은 귀족적 상징의 거부, 관습적인 시간에 귀속되기보다는 현재에 충실하기, 그리고 깊은 자아 성찰까지, 이 모든 실천은 루소 사상체계의 근간이다. 그저 이것 때문에 그를 견유학파로 부르는 것은 아니다. 우선 알아야 할 것이, 그가 명성에 집착했고 단순한 것이긴 했지만 어쨌든 가발을 썼다는 점이다.

다른 사람은 그에게서 견유학파를 보았더라도 루소 자신은 그렇게 생각하지 않았다. 그의 자서전인 《대화Dialogues》에 등장한 가상의 심판관―실제 인물인가, 아니면 그저 허구의 인물에 불과한가?―은 철학자의 소박함과 견유주의를 역설하며 루소의 단순함이 꾸민 것이 아니며 잘 알려진 견유학자들을 모방한 것도 아니라고 단언했다. 디오게네스는 디오게네스였다. 루소는 다른 사람으로 가장하거나 자기 인식의 분열 없이 가능한 한 최선의 '루소'가 되어야 했다.

루소는 "자연으로 돌아가라"는 말로 우리에게 익숙하다. 1755년 《인간 불평등 기원론Discourse on the Origins of Inequality》이란 문제의 책이 출판된 후 그는 자신의 적들, 특히 볼테르로부터 순진한 원시주의를 옹호한다는 비난을 받아야 했다. 루소의 저술을 깊게 읽지 않은 이들은 자연으로 돌아가라는 그의 호소를 마치 동물처럼 네발로 기라는, 더 단순한 삶의 추구가 아니라 비-인간 상태로의 퇴행을 주장하는 글로 받아들였다.

바로 여기에 오해가 있었다. 루소는 자연으로 돌아가 숲에서 살거나, 혹은 원시 황금기로 돌아가야 한다고 말한 적이 없다. 그가 말하는 '자연 상태'란 인류와 역사, 세계에 대한 자신의 사상을 전달하고자 가정한, 교수적 장치이다. 그는 이러한 자연 상태가 존재하지 않으며, 아마도 존재한 적이 없을 것이며 앞으로도 그럴 것이라고 썼다. 그것은 우리 삶의 목표, 사회, 희망, 그리고 우리 자신을 가늠하기 위해 가정한 기준일 뿐이다. 실제로 그의 모든 저술에는 되돌아가야 할, 원시 시대의 영광을 재현한 순진무구한 자연 상태가 과거와 현재 어디서도 등장하지 않는다.

1764년 봄, 한 여성이 '앙리에트'라는 가명으로 루소에게 조언을 구했다. 그녀는 불행에 빠졌고 오늘날 우리가 중증 우울증이라고 부르는 병에 시달렸다. 문학과 철학에서 위안을 찾던 앙리에트는 루소의 열렬한 독자가 되었다. 교육과 인간 본성에 대한 철학적 견해를 제시한 《에밀Emile》을 읽고 루소에게 서신을 보냈다. 이 책에서 루소는 여성은 육아와 가사만 알면 되고 순수 문학 같은 쓸모없는 교양은 거부해야 한다는, 당시로서는 드문 견해를 피력했다.

에밀의 정신적 스승인 루소는 말한다. "나는 학식 있고 똑똑한 소녀보다 단순하고 제멋대로 자란 소녀를 100배 더 좋아한다." 앙리에트가 서신을 쓰게 된 것도 바로 이 부분을 읽고서다. 루소에 따르면 단순한 여성은 그 자신의 위치와 '자연적인' 책무를 아는, "그 자리에 없는 듯 행동함으로써 위엄을 얻는" 여성이다. 앙리에트는 루소에게 편지를 썼다. 예외는 없는지, 철학이 자신처럼 곤경에 빠진 영혼에 위안이 될 때도 철학책을 읽어서는 안 되는지를 물었다. 이 철학자의 답신은 그다지 긍정적이지 않았다.

먼저, 쓸데없는 고민을 내려놓도록 해요. 앙리에트, 여자들이 자수나 뜨개질만 해야 한다는 뜻이 아닙니다. 모자를 벗는다고 생각도 내려놓을 수는 없습니다. 우리는 어린 시절이나 단순함으로 되돌아가지 못해요. 마음은 한번 움직이면 멈추지 않습니다. 생각하는 사람은 계속 생각합니다. (…) 환경을 바꾸는 대신 지금 상태에서 최선을 다하는 삶에 관해 이야기합시다.**2**

최소한의 삶
최선의 삶

루소는 앙리에트에게 새로운 상황에 적응하고 그것을 그녀의 장점으로 삼자고 충고했다. 이러한 충고가 치료적으로나 철학적으로 의미가 있을지는 의문이다. 하지만 루소가 중요하게 여긴 점, 그리고 의도적이든 그렇지 않든 앙리에트가 간과했던 점 한가지는 진보와 변화는 불가피하며 대체로 우리의 통제 범위를 벗어난다는 것이다. 일단 각자의 마음이 활성화되고, 사회가 과학적으로든 정치적으로든 예술적으로든 진보를 시작하면, 어린 시절이든 원시 황금시대든 단순함으로 회귀하는 것은 불가능하다. 앙리에트는 자신이 가진 철학 지식과 마음의 작동을 제대로 활용할 수 있는 방법을 찾아야 했다.

루소에게 쓴 편지에 따르면 앙리에트의 첫 번째 결정은 "자연과 단순함으로 되돌아가는 것"이었다. 이때의 단순함은 돌이킬 수 없는 어떤 모호하고 원시적인 단순함이 아니라, 자신과 타인을 향한 의무, 사물이 아닌 선행에서 즐거움을 얻는 그런 단순함이다.

시골로 돌아온 앙리에트는 "공허하고 요란한 즐거움"은 필요 없으며 "가장 단순한 것만으로도 충분함"을 깨달았다. 루소의 답신으로부터, 그리고 더 중요하게는 그녀 자신의 체험으로부터, 앙리에트는 지금까지와는 다른 사람이 되고자 삶을 유예해서는 안 된다는 것을 배웠다. 오히려 그녀는 우리 모두와 마찬가지로, 가능한 최선의 사람이 되기 위해 애써야 한다. 그렇다면 우리는 환상에 불과한 쾌락과 의미 없는 행위로, 타고난 '완전

가능성'을 방해하는 대신 자기를 완성해야 한다. 원래의 단순함이 그저 경험적 가치에 대한 신화라면, 사려 깊고 철저하며 진정한 단순함은 타고난 완전 가능성을 꽃피게 한다. 이것이 첫 번째 교훈이다.

완전 가능성은 루소에게 중요한 개념이다. 그것은 진보와 마찬가지로 필연적이다. 자신을 완성하는 능력은 인간만의 특성이다. 동물은 수개월 만에 발달이 끝나지만, 사람은 평생 변화하며 한 개인이자 사회 구성원으로서 출발점에서 계속해서 멀어진다. 완전 가능성은 선도 악도 아니다. 그것은 인류 최고의 발명에 영감을 주었지만, 또한 인간을 "자신과 자연에 대한 폭군"으로 만들었다. 가설이긴 하지만 루소에게 역사는 다소 예언적이다. 《인간 불평등 기원론》에서 그는 외과적 정밀함으로 인간의 자연성과 사회성을 분석하려는 야망을 품었다.

루소는 인간이 자연 상태를 떠난 이후 얻은 부자연스럽고 부수적인 특질을 벗겨내는 일을 과업으로 삼았다. 그는 허구이긴 하지만 영감을 주는 발견적 자연인의 자아상을 그리고자 했다. 루소는 가설에서 역사를 다섯 개의 주요 연대로 구분한다.

첫 번째 시대인 자연 상태에서 인간은 그저 감각에 따라 행동하며, 자신의 모든 욕구가 충족되는 풍요로운 자연환경에서 홀로 살아간다. 자연인은 자연적 필요를 충족하고 오직 자신에만 몰두하는 완전한 무정부 상태 속에서 살았다. 두 번째 시대에 대인관계를 부드럽게 하는 조심성 같은 초창기 미덕을 갖춘 인간이 도래했다. 세 번째 시대가 되자 언어와 함께 도덕률이 나타났고, 또한 사유재산이 등장해 불평등과 전쟁을 초래했다. 네 번째 치안의 시대에는 국가, 사랑, 가치, 그리고 아름다움이 나타났다. 마지막 다섯 번째는 문자의 시대로 바로 우리가 사는 타락의 시대이다. 이들 시대는 깔끔하게 구분되지 않으며, 경계가 모호한 지층처럼 합쳐져 하나의 전체를 이룬다.

첫 번째 시대의 자연인은 생리학적으로 현대인과 비슷하다. 그는 유인원의 속성은 없으나 아직 문명에 의해 바뀌지 않은, 인류 역사 과정에서 우리가 잃은 것으로 여겨지는 특색을 가진 단순한 사람이다. 이러한 자연인이 어떤 모습인지 알아내기 위해 루소는 감산법減算法을 이용했다.

모든 초자연적 재능들, 즉 긴 진보의 시간 동안 얻은 모든 인위적 능력을 벗겨내고 나면―생각건대 한마디로 인간은 자연의 손으로 빚어진 것이 분명하므로―우리는 다른 동물들보다 강하거나 민첩하지 않지만, 모든 정황을 고려했을 때 가장 유리하게 조직화된 동물로 남는다. 그는 참나무 아래에서 배고픔을 해결하고, 처음으로 발견한 개울에서 목을 축이고, 그에게 먹을 것을 베푼 바로 그 나무 아래에서 잠자리를 찾는다. 그렇게 모든 욕구는 충족된다.

한 번도 도끼질에 훼손된 적 없는 울창한 숲으로 뒤덮인 대지는 자연 생식력을 내주고 모든 단계에서 모든 종의 동물에 저장소

와 쉼터를 제공한다.[3]

먼저, 대지의 '자연 생식력'이란 단어를 생각해보자. 이 문단과 관련해 루소가 부폰의 《자연사Natural History》를 읽고 쓴 메모를 보면, 그는 토양의 파괴를 과도한 경작 탓으로 여기고 있음을 알 수 있다. 루소를 근대 초기의 지속 가능성 옹호자로 그리려는 것은 아니지만, 자원의 고갈이 과도한 남용 때문이라는 그의 생각은 자연은 무한히 베풀지만 인간은 무분별하게 받아들이기만 할 뿐 절제하지 않는다는 개념과 일치한다. 인간은 동물의 본능을 관찰하고 모방하며 자유로이 활용했으며, 이로부터 원래는 가지고 있지 않던 일련의 능력과 재능을 발달시켰다. 이 모든 것들은 인간이 사회적 집단으로 분리되기 전까지는 그래도 괜찮았다.

자연 상태에 대한, 아마도 목가적이라고도 할 수 있을 이 같은 그림으로부터 루소의 방법론을 확인할 수 있다. 즉 부산물들, 초자연적이고 인공적인 것들, 자연 상태를 떠나 역사 상태로 들어선, 이른바 '사회'를 창조한 자연인에 덧씌워진 불필요한 첨가물을 제거하는 것이 그의 방법론이었다. 이러한 껍질 아래에는 창조자로부터 "천상의 장엄한 단순함"을 부여받은, "항상 확고한 불변의 원리에 따라 행동하는" 가상의 존재가 놓여 있다. 자연인은 단순하며 예측 가능하다.

루소는 시간이 흐르고, 완전 가능성의 부산물로서 진보와 모든 형태의 변화가 계속되는 중에 "인간은 어떻게 자신을 대자연의 창조물로 볼 수 있었는지" 묻는다. 우리의 변화를 확인하기 위해, 우리의 탐구심은 다음을 명심해야 한다. 즉 '사회적 인간'이란 변화의 총체로서, 일부는 대자연에 의해 부과된 것이지만 나머지는 다름 아닌 우리 인간이 만든 것이다. 자연인, 혹은 루소가 말하는 '단순한 사람'은 우리가 변화와 진보, 그리고 단순한 지향과 필요로부터 얼마나 멀어졌는지를 가늠할 척도이다.

루소는 단순해지는 것, 단순하게 행동하고 단순하게 생각하는 것은 세상에서 물러나 사막이나 수도원에서 사는 소수만이 누릴 수 있는 특권은 아니라고 말했다. 단순함은 자기 평가와 영구적인 도덕적 재평가를 위한 지적이고 도덕적인 명령이다. 따라서 우리는 자신과 자연에 대해 폭군이 아니다. 자신을 아는 것, 자기 안에서 단순함을 찾아내는 것은 자기도취나 내면으로의 도피가 아니다. 그것은 인간과 사회, 자연을 유익하게 하는 필수적 활동이다. 거꾸로 자기 자신을 성찰하지 않는다는 것은 생을 맹목적으로, 어리석게 사는 것을 말한다.

루소에게 시민 사회의 출발점은 명확하다. 최초로 "땅에 울타리를 치고 '여기는 내 땅이다.'라고 말할 생각을 해낸 사람, 이를 믿을 만큼 사람들이 단순하다는 것을 알아낸 최초의 사람, 그가 바로 시민 사회의 진정한 창시자다."《인간 불평등 기원론》에서 인용한 이 문구는 한 사람이 강제로 토지를 점유하고, 소유권을 주장하며, 여기에 아무도 반대하지 않는 사회의 출현을 보여준다.

시민 사회는 불법 전용, 일방적인 소유 선언, 토지 수용에 대한 암묵적인 합의 위에 세워졌다. 당시 사람들은 "이건 내 거야."라는 말에 속아 넘어갈 만큼 단순했기에 토지 합병은 처벌받지 않았다. 재산 개념에 대한 이러한 근거 없는 믿음이 지속되려면 재산을 빼앗긴 자들의 관용이나 단순성이 필요하다. 소유권과 시민 사회는 공유지 횡령과 단순한 사람들이 허용한 상식의 산물이다.

《정치에 대한 단편집Political Fragments》에서 루소는 원칙 없는 비도덕적인 정치인과 사람들이 묵인되면서 "쉽게 속아 넘어가는 단순한 마음"들로부터 이득을 얻으려고 이성과 수사가 오용되고 있다고 지적했다.[4] "이건 내 거야"라는 그 운명적인 선언 후, 사회 모든 분야에 단순한 사람들에 대한 기만행위가 침투했다.

루소가 지적한 바와 같이, '단순한 사람들'이란 호칭에는 어떠한 도덕적 판단도 개입될 수 없다. 철학자가 그의 독자들에게 거울을 보여주며 그들이 속임수에 먹이를 주고 있다고 말한다는 점에서 이는 일종의 도발이다. 단순한 마음의 독자들이 이 일에 연루되었다고 말하기 때문이다. 속기 쉽다는 의미로서의 단순함은 타고난 특질이 아니라 안일함과 고의적인 무지의 소산이다. 여기에는 역설과 좋은 소식이 있다. 단순한 사람들이 모든 것을 액면 그대로 받아들이는 태도로 인해 거꾸로 기만의 정체가 폭로되기도 한다.

단순한 사람들은 어떻게 토지의 합병이나 횡령, 대도大盜, 표리부동에 대항할 수 있을까? 자연과 단순함이 조화를 이루는 상태로 되돌아가는 혁명은 자연 상태를 떠난 사람들에게는 불가능한 일로 보인다. '오직 단순한 사람'만이 원래의 단순한 상태로 존재할 수 있을 것으로 보인다. 그리고 이는 역사적 사실이 아니라 신념에 가깝다. 자연을 떠나면 그것을 잃게 된다.

루소는 "나처럼 원래의 단순함은 열정에 의해 영원히 파괴되었고, 더는 풀과 견과류만 먹고는 살지 못하며 법이나 지도자 없이도 살지 못하는 사람들"은 어떻게 해야 할지 묻는다. 답은 앙리에트에게 보낸 답신과 비슷했다. 우리가 과거로 돌아갈 수는 없지만, 현재 상황을 개선하고 더 나은 사회를 만들기 위해 애쓸 수는 있다. 이러한 목적으로 초자연적인 것을 믿는 이들은 그들의 신앙이 규정한 건전한 도덕적 원리에 기초하여 행동해야 한다.

모든 사람은 정의로운 정부를 존중하고 따라야 하지만 "명백한 이익보다 더 실제적인 재난을 초래하는" 정부는 경멸해야 한다. 시민 사회에서는 어떠한 인간도 더 이상 무비판적이거나 단순하지—즉, 속이기 쉽지—않다. 일반적으로 우리의 의사는, 타인의 것을 소유하고 싶은 욕망을 비롯해 자신의 정념에 의해 오염되는 경우가 많다는 점에서 타인의 의사와 상충하기 때문이다. 그러나 모두가 혼란을 겪는 것은 아니다. 시민적 단순함은 그것이 사회와 사람들을 더욱 개선시키는 한 지지받고 육성되어야 할 미덕이다.

> 여러 사람이 자신들을 하나의 몸처럼 생각하면 의지도 하나가
> 된다. 이는 공동의 보존과 전반적인 복지와 관련이 있을 것이다.
> 그러면 국가의 작동 방식 또한 활기차고 단순해진다. 그들의 이
> 념은 어둠 속에서도 명료하게 빛을 발할 것이며, 복잡하게 얽힌
> 모순적인 이해관계는 사라질 것이다. 모든 곳에서 공공선을 분
> 명히 찾아볼 수 있으므로, 이제 이를 바로 알아볼 좋은 감각만
> 갖추면 된다.
> 평화, 연합, 그리고 평등은 정치적 교묘함의 적이다. 올곧고 단
> 순한 사람은 그 단순함 때문에 속이기 어렵다. 덫이나 고상한 핑
> 계로는 이들을 속이지 못한다. 심지어 그들은 속을 만큼 영리하
> 지도 않다. 세상에서 가장 행복한 사람에 속하는 한 무리의 농부
> 들이 참나무 아래 모여 국가 정사를 결정하고 항상 현명하게 행
> 동하는 것을 본다면, 그 누가 다른 나라의 개혁을, 그토록 허다
> 한 기교와 속임수로 자신을 유명하게 만들고 또한 비참하게 만
> 드는 행위들을 경멸하지 않을 수 있겠는가?**5**

이 구절을 다른 각도에서 조명하면 단순함이 드러난다. 첫째,
루소에게 중요한 개념 중 하나인 '일반 의지'의 단순함 또는 단
독성을 확인할 수 있다. 일반 의지는 개인적인 의지의 총합이 아
니다. 개인적 의지는 자기 보존과 같은 자기 이해관계의 원칙에

따라 결정된다. 개인적 의지는 비록 긍정적이고 생산적이더라도 다른 개인의 이익과 정념 사이에 분란을 일으킬 수도 있다.

개인적 의지는 분열을 초래한다. 일반 의지는 이 공격적인 개인적 의지를 모두 합친 것이 아니다. 그것은 개인적 의지의 극복이며, 개인적 의지를 하나의 일반 의지로 동화시킨 것이다. 그저 자신의 만족이나 보존만이 아니라 모두의 만족과 보존을 추구하는 것이다. 개인적 의지와 일반 의지는 비슷한 원리로 움직이지만 근본적으로 차이가 있다. 개인적 의지는 분열적이며 개인의 이익을 타인의 이익과 대립시킨다. 반면 일반 의지는 그 안의 개인적 의지를 식별할 수 없지만 하나의 일반 의지로 흡수할 수 있을 만큼 포괄적이다. 이렇게 만들어진 자주적 권한 또는 일반 의지는 단순하다. "단일하고 고유하며, 파괴되지 않는 한 분열되지 않는다."

일반 의지의 단순함으로부터 나온 정부 또한 단순할 것이다. 그리고 루소에게 "단순한 정부는 단순하다는 바로 그 사실 때문에 그 자체로 최선의 정부다." 하지만 그는 곧바로 "정확히 말하면, 단순한 정부는 없다."고 인정한다. 여러 대리인 또는 기관으로 권력이 분배되기 때문이다. 정부는 계약 합의에 있어서 최대 다수의 시민에게 유리하도록 수많은 개인적 의지를 단일한 일반 의지로 조정하는 역할을 한다.

통치란 단순함과 다수성 사이에서 균형을 잡는 일이다. 만일 후자가 최소한의 특정 개인들로 구성되어 있다면 단일체와 다중 사이의 중재가 더 쉬울 것이다. 최소한의 인구만을 가진 공화국에서는 정부는 물론 '국가의 작동 방식'이 더욱 단순해진다. 일반 의지가 주권을 의미할 때, 국가 기구의 단순함이란 그것이 모두에게 투명하고 모두가 그것을 설명할 수 있음을 의미한다. 국가의 탄생에 모든 이가 참여하기 때문이다. 모든 이의 이해관계가 일치하고 상식이 통한다.

루소가 쓰기를, 단순한 사람들은 그 단순함 때문에 정치적인 수사에 속지 않는다. 이러한 동어반복이 기이하게 들린다면, 그건 아마도 단순한 사람들은 거짓말에 속아 넘어갈 만큼 충분히 영리하지 않다는 사실을 잊었기 때문일 것이다. 루소에게 '영리함'이란 세련됨, 정교함, 궤변, 과잉으로 기울기 쉬워 분열과 개인화의 연쇄 반응을 일으키는 특성을 의미한다. 단순한 사람들의 단순함은 분열이 아니라 합일을 위한 힘이다.

루소는 사람과 사물, 말 사이에 거리가 생기면 조작과 표리부동함의 여지가 생긴다고 보았다. 개인 간 거리가 형성되면 거기, 너와 나 사이의 공간에서 개인적 의지와 관련한 여러 형태의 긴장이 발생할 수 있다. 나와 타인의 근접성, 그리고 자신이 속한 환경에 관한 친밀함과 친숙함은 단순한 사람들의 특권이다.

루소의 소설 《신 엘로이즈》에서 클레르가 쥘리에게 쓴 것처럼, 단순한 영혼은 "말하자면 오직 그대의 주변에서 머물 것"만을 생각한다.**6** 이 소설 속 마을 사람들은 단순한 관습과 취향으로 단순한 삶을 살고 있다. 그들은 오직 신체적, 도덕적으로 손에 닿을 만큼 가까이 있는 사람들과 사물에만 관심을 쏟는다. 이 소설은 단순함의 송가, 단순한 삶의 '옹호문'이다.

자연 상태에서 인간은 홀로 숲속을 배회하며 홀로 위험과 마주한다. 그는 생존을 위해 기초적인 기술들을 발달시킨다. 이러한 조건에서 자연인은 사회적 인간보다 강건하다. 사회적 인간은 가공식품을 많이 먹고, 이는 어떤 의사도 치료할 수 없는 염증과 질환을 일으킨다. 루소는 사회적 인간이 겪는 다양한 신체적, 정신적 건강 문제를 열거했다. 이때 가난한 이들일수록 더 큰 고통을 겪는데, 사회 경제적 불평등이 건강의 불평등도 초래하기 때문이다.

사회인은 자신의 욕망을 통제할 수 없으며 "마음의 피로와 소진", 그리고 영혼을 잠식하는 많은 슬픔에 고통받는다. 그가 결론 내리길, "이것은 우리가 겪는 대부분 병이 우리가 행한 일의 결과라는 치명적인 증거이다. 자연이 우리에게 부여한 단순하고 균일하며 고독한 삶의 방식을 채택했다면 어쩌면 우리는 이 모든 질병을 피할 수 있었을지도 모른다."

완벽한 단순함과 균일함, 고독의 상태는 사람들 사이에 최초의 연합이 이루어진 후 사라져버렸고, 이후 시간이 흐름에 따라 질투, 오만, 폭력과 같은 정념이 생겨나기 시작했다.《사회계약론Social Contract》초고에서 루소는 완전한 자연 상태가 아직 시민 사회도 '치안' 사회도 아닌, 새로운 과도기적 질서로 이행하는 단계를 묘사한다.

이 새로운 질서는 질서와 규율, 안정성이 결여된 관계를 수없이 양산했으며, 사람들은 끊임없이 바뀌고 변화했다. 한 명이 이를 수립하기 위해 애쓰는 동안 수백 명이 이를 파괴하고자 했다. 그리고 자연 상태에서 인간의 상대적 실존은 그 관계가 꾸준히 변화하는 다른 수천 명의 타인에게 의존하므로, 삶의 어떤 순간도 이전과 같다고 결코 확신할 수 없다.

사회는 심지어 초기 형태일 때도 복잡성을 낳았다. 이들이 앓는 병은 또한 우리의 병이기도 하다. 그리고 루소에게 있어서 그 모든 것 중 최악은, 단일체로서 자기 자신이 될 능력을 잃었다는 것이다. 즉 사회의 출현과 함께 인간은 자아의 불변성을 상실했다. 그러나 인간은 끊임없이 변화하는 이 세계에서 살아남으려고 자신과 타인에 대한 학습 능력을 얻었다.

프랑스 철학자 루이 알튀세르가 증명한 것처럼, 루소에 따르면 자연 상태는 인과성으로 구성되지 않는다. 비록 연민과 같이 사회화를 위한 특질들의 초기 형태가 나타나긴 하지만, 그것이 기원은 아니다. 비역사적이지만 항상 존재하는 자연 상태와 마찬가지로, 단순함도 그렇다. 루소에게 있어 단순함은 탈자연화와 과잉-사회화의 유독한 영향에 대한 치료제 역할을 한다. 사회인에게 단순함은 재능이 아니다. 원래 상태로부터 되찾는 것이 아니다. 획득되고 실천되며 심지어 배워야 하는 것이다.

루소의 《에밀Emile》에서 에밀이 받는 교육 중 하나는 삶과 생계를 구분하는 일이다. 학생이 먼저 체험하면 스승이 나중에 설명한다. 삶에 관한 배움은 상황에 적응하는 법이지만, 생계에 관한 배움은 직업 훈련이다. 전문적 기술과 지식이 불완전하거나 불충분한 것으로 판명되는 상황은 우리를 무력하게 만든다. 루소는 이를 다음과 같은 어구로 표현했다. "그에게서 떠나게 될 신분을 스스로 버릴 줄 알고 그 운명에도 불구하고 한 명의 인간으로 남을 줄 아는 사람은 참으로 행복할 것이다."

조건은 변하고 상황도 요동치며, 사회는 원래의 모습을 잃을 것이다. 역사의 탈자연화 과정에 휩쓸리는 인간 또한 그렇다. 자신의 삶을 충만하게 사는 행복한 사람은 과거에 매달리지 않는다. 그는 그저 자연히 흘러가도록 내버려 두고 자기 갈 길을 가는 사람이다. 모든 사람에게 활력을 불어넣는 하나의 자연스럽고 단순한 원리, 즉 생명 보존의 원리는 여전히 유지된다. 루소에 따르면, "덕이 있는 사람은 자신의 생명을 가벼이 여겨야 한다거나 주어진 의무를 위해 마땅히 삶을 희생해야 한다는 원리는 이러한 단순함과 매우 거리가 멀다. 행복은 애쓰지 않고, 그리고 덕 없이도 선할 수 있는 자들 가운데 있다."

행복은 단순하고 애쓰지 않으며 완전한 삶을 살고자 하는 사람들, 단지 생계만 생각하는 것이 아니라 자신의 삶을 살고자 하는 사람들의 공동체 안에 있다. 사람들이 큰돈을 벌려는 야심을 가진 사회에서 선함은 의무이며 수고를 들여야 하는 일이다. 덕이 있는 사람은, 사람의 사람이다. 그는 사람들의 사회에서 살며 동료들과 사회적 관계를 발전시키고자 선한 사람이 되려 한다. 하지만 자연의 사람은 애쓰지 않고 덕스럽지도 않다. 그는 단순히 단순함 속에 살고 있다.

　루소의 소설《신 엘로이즈》에서 쥘리는 그녀의 구혼자에게 다음과 같이 썼다. "나는 겸손과 정직을 중요시합니다. 나는 단순하고 근면한 삶 속에서 이러한 가치를 키워나갈 수 있어서 기쁩니다." 최선의 상황은, 자기 자신에 대해 잘 알고 서로에 대해서도 잘 아는 단순하고 근면한 사람들에게 둘러싸여 단순하고 근면한 삶을 사는 것일 테다. 오늘날 단순함은 미덕이며 성취하려고 애써야 하는 일이 되었다. 그렇다면 여기서 말하는 미덕은 어떤 종류인가?

　루소의《에밀》에 등장하는 목사는 미덕의 참된 본성을 설명하기 위해 단순함의 귀감으로 두 사람을 선택한다. 바로 철학자인 소크라테스와, 모든 사람 중 가장 단순한 사람인 그리스도다. 목사에 따르면, 철학의 아버지이자 죽는 날까지 도덕적 청렴의 등대로 칭송받는 소크라테스조차 그리스도에 비견할 수 없다. 이 그리스 철학자는 위대한 인물의 행동을 언어로 표현했을 뿐이다.

　《에밀》에서 루소는 "그가 미덕을 정의하기 전부터 그리스에는 덕이 있는 사람들이 많았다."라고 썼다. 추종자들에 둘러싸여 독약에 죽음을 맞이할 때도 그는 부러울 만치 평화롭고 편안해 보였다. 이 담담한 죽음은 예수가 처했던 십자가 처형과는 아무런 공통점이 없어 보인다. 예수는 죽을 때 그를 사로잡고 모욕과 폭력을 가한 이들을 용서했다. 더 중요한 것은 그리스도는 자기 앞에 나타난 타인의 선행을 모방하여 덕을 정의하지 않았다는 점이다. 목사가 쓰기를, 그 앞에 나타난 사람은 아무도 그만큼 덕이 있지 않았다. 그가 따라야 할 본보기는 없었다. 그가 바로 본보기였다. "가장 격렬한 광신의 자궁에서 가장 고귀한 지혜가 들려왔으며, 가장 영웅적인 덕의 단순함은 가장 비열한 자에게 명예를 부여했다."

흥미롭게도 명예를 부여하는 것은 덕이 아니다. "가장 비열한 자"에게조차 명예를 부여한 것은 덕의 단순함이다. 덕의 단순함은 가장 순수한 형태의 덕만을 의미하지 않는다. 덕은 그것 이전에 그러한 덕이 없을 때, 모방하거나 정의하거나 철학적 논의가 필요한 덕스러운 본보기가 없을 때 비로소 단순하다. 덕행은 그것이 무언가를 복제한 것이 아닐 때, 수동적으로 배우고 응용해야 할 가르침이 아닐 때 단순하다. 매개된 덕, 그리고 학습된 덕행도 필요하다. 하지만 이들은 단순하지 않다. 복제품이고 노력의 산물일 뿐이다.

우리는 루소가 기원origin의 개념에 대해서도 걱정했음을 알고 있다. 기원은 인과적이지도 역사적이지도 않다. 그것은 우연히 과거로부터 분리되어 나왔다.

먼저 루소는 완전 가능성과 사회적 미덕, 그리고 자연인의 잠재력이 된 다른 능력들이 자체적으로 발달할 수 없음을 보았다. 이들을 발달시키려면 여러 이질적인 원인이 결합할 기회가 필요했다. 이런 기회가 생기지 않았을 수도 있으며, 그것이 없다면 영원히 원시적인 상태로 남아야 했을지도 모른다.[7]

루소는 자연 상태를 봉인하고 탈자연화를 일으킨 "여러 이질적인 원인"이 무엇인가에 대해서는 모호한 태도를 보인다. 사회에서 역사가 시작되고 조직된 공동체가 탄생한 이후 단순함은 사회적 미덕이 되었다. 우리는 사회인이 자연인의 단순함을 온전하게 보존하지 않음을 안다. 여기서 우리가 보는 단순함은 '인간의 인간'이 '자연의 인간'에서 분리되어 나왔음을 보여주는 바로 그 우연의 표식이다.

단순함은 되찾아야 할 원래의 상태가 아니다. 덕목으로서의 단순함은 뜻밖의 일이 일어났다는 증거이다. 단순한 삶은 세상이 예기치 않게 변할 가능성을 받아들이는 것이다. 진정한 미덕은 예정된 것이 아닌, 우발적이란 점에서 영웅적이다. 사회인은 항상 미래에 초점을 두고 여기에 대비하며, 준비하고, 적응하며, 자격을 갖추고, 미리 실행하며, 예행 연습을 한다. 단순한 사람은 특별히 아무것도 준비하지 않기에 만반의 준비가 되어 있다.

소크라테스는 죽을 준비가 되어 있었다. 바로 이것이 그가 철학에서 배운 것이다. 그리스도는 죽을 준비가 되지 않았다. "나의 하느님, 나의 하느님, 어찌하여 나를 버리셨나이까?" 이 단순한 사람, 십자가에 매달린 하느님의 아들은 묻는다. 그리고 마지막 순간에 마침내 승리를 선언했다. "다 이루었도다."

누구도 소크라테스 이야기를 의심하지 않듯, 그리스도의 이야기를 의심하지 말아야 한다고 목사는 말한다. 비록 그 이야기가 이성으로는 설명하기 힘든 능력을 수수께끼와 모순으로 가득한 문장으로 서술하더라도 말이다. 그렇다면 그러한 모순들은 어떻게 해야 하는가? 그저 받아들여라. 《에밀》에서 목사는 "이것은 여전히 무의식적인 회의를 남깁니다."라고 고백하며 다음과 같이 말한다.

그러나 이러한 회의는 내게 어떤 고통도 일으키지 않습니다. 왜냐하면 이것은 가장 본질적인 실천에 미치지 않으며, 나는 내 모든 의무의 원칙을 확신하기 때문입니다. 나는 내 마음의 단순함으로 하느님을 섬길 것입니다. 나는 오직 내 행동에서 무엇이 중요한지 알고자 할 뿐입니다.**8**

무의식적인 의구심은 마음의 단순함과 이성의 복잡함이 얽힌 결과로, 신중하고 굳건하지 못한 이성에 대한 진리의 무의식적인 묵인이다. 마음의 단순함은 이성의 변덕을 가라앉히고 지식을 필요에 일치시킨다.

루소는 기원으로서 단일성 또는 단일성으로서 기원에 대한 담론에서, 그리고 존재론과 원시주의에 대한 논쟁에서 단순성을 구해냈다. 시민적 단순함은 인간 본연의 것이 아니며, 오랜 세대에 걸쳐 잃어버린 선조의 특질이 갑자기 재등장한 것도 아니다. 역사에 참여하는, 완전을 추구하는 모든 존재에게 단순하게 산다는 것은, 우연이란 가장 순수한 형태의 미덕이 드러나는 기회라는 사실을 받아들이는 것을 의미한다. 즉, 단순하다는 것은 우연과 변화의 가능성을 기쁘게 받아들인다는 것을 의미한다. 단순함이란 단순하다는 개념의 표출이 아니라 가능성에 열린 마음, 가능성에 대한 가능성이다.

루소의 철학적 과업 중 상당 부분은 지금 이 순간 존재의 자각을 통해, 지금 이 상황에서 드러난 것들을 열린 마음으로 받아들여 삶의 정서를 새로 일깨우는 것을 목표로 했다. 단순함, 즉 우연히 발생한 생명 그리고 삶 전반에 대한 방해 받지 않는 접근으로서의 단순함이란 개념은 자전적 작품 《에밀》을 쓰게 된 계기였다.

19세기 미국의 수필가이자 철학자인 헨리 데이비드 소로는 단순한 삶을 살고 기록하면서 비슷한 철학을 가져왔다. 그는 《월든Walden》에서 다음과 같이 말한다. "아울러 나는, 모든 작가가, 처음이든 마지막이든, 그 자신의 삶에 대해 단순하고도 진정성 있는 글을 써보기를 바란다." 직접 체험과 증언은 칼뱅주의자들과 미국 철학자들의 기반이 되어주었다. 루소와 소로, 두 철학자는 세대에 걸쳐 인류에 대한, 그리고 사람들 사이의 관계에 대한 견해를 크게 변화시켰다. 더 중요한 것은 아마도 두 사람 모두 인간의 기계화에 반대했다는 점일 것이다.

소로는 한 친구에 대해 "그는 기계가 되는 것 외에 다른 것을 생각할 시간이 없는 것 같습니다."라고 썼다. 현대인은 타인의 요구에 응답하기만 하는 사람이 되지 않으려고 분주하다. 루소와 소로는 단순함이 자기 내부의 분열을 치유하는 데 그치지 않고 분열된 자아를 하나로 합치도록 도울 수도 있다고 여겼다. 두 사람은 모두 과잉과 화려함, 분열의 방해를 거스르고 진정성과 완전함을 추구하기 위한 개혁을 추진했다. 소로는 다음과 같이 썼다. "사치품, 그리고 소위 말하는 생활 편의용품은 대부분 꼭 필요한 것이 아닐뿐더러 인류 발전의 명백한 장애물이다."

나와 사람들이 발전하려면 면밀한 관찰과 깊은 이해가 필요하다. 이를 달성하기 위한 유일한 방법은 자발적인 빈곤에 헌신하는 것이다. 물질적 부를 포기하고 영적 풍요를 추구하는 것은 숲속에 사는 단순한 철학자 소로의 책무였다. 《월든》의 내용을 살펴보자.

철학자가 된다는 것은 단지 엄밀한 사고와 학파 설립만을 뜻하지 않는다. 지혜를 사랑하는 것만큼이나 그러한 지혜가 이끄는 삶을 사는 것, 즉 단순하고 독립적인, 포용하고 신뢰하는 삶을 사는 것이다. 이는 삶의 여러 문제를 단지 이론적으로뿐만 아니라 현실적으로도 해결해준다.

여기서 단순한 삶이란 지혜를 따르는 삶이다. 그리고 가장 지혜로운 일은 남들과는 다르게, 독립적으로 관대하게, 무엇보다도 '숙고'하며 사는 것이다. 소로나 루소처럼 단순함에 정통했던 이들이 사랑했던 바로 그 '숙고' 말이다. 단순한 삶을 사는 철학자는 "다른 사람들보다 더 나은 방식으로 생존"하고자 한다. 그들은 삶 그 자체를 탐구한다.

나는 의지대로 살고자 숲으로 들어갔다. 오직 삶의 가장 본질적인 진실만 추구하기 위해, 이 진실들은 배우지 않으면 알 수 없는 것인지 알기 위해, 그리하여 마침내 죽음을 맞이했을 때 내가 헛되이 살지 않았음을 확인하기 위해. 삶은 너무나 소중했기에, 나는 삶이 아닌 삶을 살고 싶지 않았다. 나는 생의 정수를 모두 빨아들이며 진정한 삶을 살기를, 삶이 아닌 것들을 모조리 쫓아내기 위해 그토록 억세고 검소하며 엄격했던 스파르타인들처럼 살기를, (…) 생을 극한까지 몰고 가 가장 낮은 단계에 처하기를 바랐다.

루소, 그리고 그 이전 디오게네스가 관습과 탈자연화의 장막 뒤에 숨겨진 인간의 모습을 찾고자 했다면, 소로는 그보다 훨씬 위대한 것, 즉 삶 그 자체를 찾고자 했다. 그는 삶을 좇기 시작했다. 삶이 무엇이든, 선한 것이든 악한 것이든, 혹은 '천한' 것이든 '숭고'한 것이든, 자기 방식대로 그것을 붙잡고 그것이 무엇인지 밝혀내려 했다. 그러나 삶을 붙잡으려면 우리는 현명하게, 그리고 확고히 자리한 지혜의 목소리를 따라야 한다.

"'단순, 단순, 단순함!' 할 일을 두세 가지로 두라. 수백, 수천 개가 아니라." 이를 위해 소로가 제시한 방법은 다음과 같다. "단순화, 단순화할 것. 하루 세 끼가 아니라 되도록 한 끼만 먹어야 한다." 단순화는 필요를 생존에 절대적으로 필요한 것에 한정하는 동시에 지혜의 세 가지 명령인 독립, 포용, 신뢰의 삶을 사는 것이다.

소로는 1845년 7월 4일부터 2년 넘게 매사추세츠주 월든 호수 근처 오두막에서 살았다. 이 오두막은 가족이 사는 콩코드에서 걸어서 20분밖에 걸리지 않았으며, 그는 주기적으로 가족을 방문했다. 월든 호수는 여름에는 수영하는 사람들로, 겨울에는 스케이트를 타는 사람들로 붐볐으며, 반-은둔자의 생활은 방문자들의 방해를 받기도 했다. 소로가 사람들과 가까이 지냈다고 해서 그의 경험, 장장 9년간 일곱 번의 퇴고를 거쳐 완성된 책의 가치가 떨어질까? 그렇지는 않다. 다만 명백한 모순은 한 알의 소금—우연히도 소로가 "가장 중요한 조미료"라고 부른—을 위한 방문이 살아가는 데 꼭 필요하지는 않다는 것이다.

소로는 자신의 식습관과 구매습관을 관찰한 뒤 만들어진 음식이나 기성품을 사는 대신 직접 키운 식재료로 음식을 해 먹기

제4장

단순한
개혁

시작했다.《월든》의 다음 내용은 어느 시대에나 적용될 수 있다.

뉴잉글랜드 사람은 모두 호밀과 옥수수가 자라는 땅에서 쉽게 자신이 먹을 빵을 얻을 수 있었고, 가격이 요동치는 외지 시장에 의존하지 않아도 되었다. 그러나 우리는 단순함과 자립성에서 동떨어진 삶을 산 탓에, 이제 콩코드 상점에서는 신선하고 달콤한 음식을 찾아볼 수 없다. 대부분 농부는 손수 기른 곡식을 소와 돼지에게 먹이고, 자신은 건강에 좋을 것도 없는 밀가루를 상점에서 비싸게 산다. 나는 호밀과 옥수수를 한두 포대쯤은 쉽게 키울 수 있음을 알게 되었다. (…) 실험을 통해 호박이나 사탕무로 양질의 당밀을 만들 수 있다는 것을 알게 되었다. 단풍나무 몇 그루만 있으면 이 일이 더욱 쉬워진다는 것을 알았으며, 이 나무들이 자라는 동안 '포For'라고 이름 붙인 다양한 대용품을 이용할 수 있었다. 바로 선조들이 노래한 것처럼, "우리가 빚은 술이 우리 입술을 달콤하게 하니 이는 호박과 파스닙*과 호두나무 칩의 달콤함이다."

작물을 가꾸는 일과 경제적인 선택과 소비, 무슨 작물을 키울지 정하기 위해 현재 상황을 관찰하는 일, 그리고 오래된 술자리

* 달콤한 흰색 뿌리채소로 당근과 흡사한 모양이다.

노래에 담긴 지혜에 경청하는 일, 이 모든 일에서 우리는 칭송해야 할 두 가지 가치, 즉 단순성과 자립성을 확인할 수 있다. 선조들의 지혜는 '대용품' 바로 이 하나의 단어 속에 담겨 있다. 조르조 아감벤의 말을 빌리자면, 대용품이나 전용轉用이 없으면 단순한 삶도 없다. 전용은 종교적이든 정치적이든 경제적이든, 칙령에 따라 신성한 혹은 숭배받는 위치에서 강등된 어떤 대상에 제자리를 찾아주는 일이다.

아감벤은 이 대상이 성스러운 영역에서 구제되어 일반적인 용도로 복원되는 과정을 보여준다. "자본가의 종교는 가장 극단적인 단계에서 절대적으로 용도 변경이 불가능한 것들을 만들어내는 것을 목표로 한다." 2015년에 출간한《신성모독 Profanations》에서 그가 한 말이다. 호박으로 당밀이나 술을 만드는 일 또한 일종의 전용으로, 단순한 삶을 '자본가의 종교'에 대한 저항과 자립, 소비주의의 제사장이 부과한 일회용 법률에 항거하는 시민 불복종의 정치적 행동으로 변모시킨다.

단순한 삶의 목적은 사물을 그것의 유일한, 본래의 사용처(만일 그런 것이 있었다면)로 되돌리는 것이 아니다. 단순한 삶에서는 한 사물을 여러 가지 방식으로 이용하게끔 가능성을 열어둔다. 발명의 정신, 그리고 전용의 정신은 상호보완적이다. 소로는 대용품을 이용함으로써 돈과 상품의 교환에서 벗어나 "내가 먹는 것에 관한 한 모든 거래와 물물교환을 피할 수 있었다." 뉴잉글랜드 사람들은 계속해서 돼지들에게 자기들이 키운 곡물을

제4장

단순한
개혁

먹이고, 본인은 가게에서 비싼 밀가루를 샀다.

형의 죽음에 대해서 간절히 글을 쓰고 싶었던 소로는 월든 호숫가 숲, 그의 스승인 랄프 왈도 에머슨의 오두막에서 살기로 했다. 단순한 삶은 어떤 의미에선 고되지만 유익한 경험이었다. 그는 아주 적은 것으로 온전한 삶을 살며 동시에 죽음에 대해 사색했다. 이 경험만으로도 그는 동료들과 완전히 다른 사람이 되었다. 그보다 앞서 살았던 루소와 마찬가지로, 소로가 '항아리' 속에서 살았던 고대 철학자와 비교된 것도 별로 놀랍지 않다.

1854년 10월, 소설가이자 저널리스트인 찰스 브릭스는 '미국의 디오게네스A Yankee Diogenes'라는 제목의 리뷰를 발표했다. 소로를 디오게네스로 칭한 이유는 그의 철학이 견유학파를 따르기 때문은 아니다. 실제로 브릭스는 소로가 견유학자가 아니라는 사실을 인정했다. 그러나 사회의 변방에서 살기로 한 그의 결정은 "그 본성이 근본적으로 반-디오게네스적인" 뉴잉글랜드인의 눈에는 견유학자의 것으로 보였다. 뉴잉글랜드 사람들은 고독을 좋아하지 않았다. 은둔 생활에서는 돈이 생기지 않기 때문이다. 브릭스는 소로의 목적이 "아무것에도 의존하지 않고 살면서, 살려면 무언가에 의존해야 한다는 일반적인 법칙을 거스르며, 아무것도 하지 않는 채로, 무언가를 하려고 애쓰는 아주 놀라운 일"이라고 말했다.

《월든》이 처음 출판되고 몇 달 뒤인 1854년 12월, 소로는 '원칙 없는 삶'이라는 제목으로 강연을 했다.

여태껏 생계를 꾸리는 일에 관한 책 중 인상적인 것이 거의 없었기에 이 강연은 큰 주목을 받았다. 어떻게 하면 정직하고 존경스러울 뿐만 아니라 진실로 매력적이고 즐거운 방식으로 생을 꾸릴 수 있는지를 이야기했다. '생계'를 꾸리는 일이 이토록 즐겁지 않으면 그것은 삶을 사는 게 아니다.**9**

소로의 관점에서 즐거움이란 단순한 미덕 이상으로 매력적인 보답이다. 시선을 바꾸면 단순하지만 여전히 즐거운 삶을 성취할 수 있다. 강연에서 그는 다음과 같이 말한다. "영원히 아래만 내려다보는 사람에게는 위대함이 찾아오지 않으며, 높은 곳만 바라보는 사람들은 가난이 더욱 커질 뿐입니다." 그러면서 사사로운 이익을 위해 더 큰 선을 희생하는 행위를 경멸했다. 그보다 더 나쁜 것은 사회가 시장 경제에 지배되는 것, 모든 대가를 치러가며 오직 혁신을 위한 경쟁에 빠지는 것이다. 이는 인간을 탈자연화시킨다. "나는 인간이 추위와 허기를 피하기 위해 개발하고 충고하는 방식을 따르기보다는 그저 춥고 배고픈 상태로 있는 것이 더 편합니다." 시장의 군대와 그들의 무기인 불필요한 상품에 양심을 팔기보다는 춥고 배고픈 상태로 머무는 것이 더 낫다는 것이다.

산업과 진보는 때로 인간 본성의 적이 되기도 했는데, 이러한 본성은 자연적 재해에 맞서 싸울 수는 있지만 인간 스스로 일으킨 전쟁에는 준비가 되어 있지 않았다. 계속해서 소로는 말한다. "대부분 사람은 삶의 진정한 사업은 도외시한 채, 그저 하루하루를 버티는 것으로 그들의 생계를, 즉 삶을 이어갑니다. 이는 주로 그들이 더 나은 삶을 알지 못하기 때문이기도 하지만, 부분적으로는 더 나은 삶을 알려 하지 않기 때문입니다."

무지와 회피는 저주다. 지식과 학습, 그리고 경험만이 삶에서 중요한 사업이다. 그는 이러한 삶의 사업을 '지혜'라고 불렀다. "흙을 파헤치는 것으로 생계를 꾸려가는 돼지들은 그토록 어리석은 인간들과 함께 살아가야 한다는 사실을 부끄러워할 테죠." 하지만 아무것도 하지 않는다면, 계속해서 앎보다 무지를 택하고 행동하기보다 게으름 피우기를 바란다면, 올려다보면 따라오는 빈곤이 두려워 계속해서 아래만 바라본다면, 인류의 미래는 그저 암울하기만 할 뿐이다. "결론은 언젠가 인류는 자기 삶을 나무에 의존하게 되리라는 것입니다." 만약 나무가 남아 있다면 말이다. 적어도 소로의 시대에는 그 속에 몸을 맡길 수 있는 숲이 있었다.

소로의 작가 데뷔는 그리 대단치 않았다. 그래서 소로는 숲속 생활에 관한 책이 여러 세대에 걸쳐 사람들에게 영감을 주리라고는 생각하지 못했다. 최근《월든》은 비디오 게임으로도 만들어져 호평을 받았다. 어쩌면, 배우고 행동하는 단순한 삶에 대한 찬양이 줄곧 화면만 응시하는 가상 게임이 되고 만 현실에서 슬픈 역설을 찾을 수도 있다. 게임에서는 물리적 장애물이 모두 사

최소한의 삶
최선의 삶

라지고 상상할 수 있는 모든 가능성이 허용되니 어쩌면 이를 궁극의 단순함으로 여길 수도 있을까? 그렇지 않다. 단순화란 사물의 물성에 직접 접촉하고, 세상을―그리고 그 위를―바라보는 바로 그 순간에 자신이 존재하고 있음을 계속 인식하는 것이기 때문이다.

소로의 사상적 지도자였던 에머슨도 이를 알고 있었다. 그는 1841년에 출간한 《영혼의 법칙Spiritual Laws》에서 "세계의 단순함은 기계의 단순함과 전혀 다르다."라고 썼다. 세계의 단순함은 쉽게 이해되지 않으며 고갈되지 않는다. 반면에 기계의 단순성은 유한하고 이해 가능하다. "위대함보다 더 단순한 것은 없다. 사실 단순해지는 것이 위대해지는 것이다." 지금도 자주 인용되는 이 문장은 1838년 7월에 열렸던 '문학적 윤리'라는 제목의 강연에서 나온 말로, 여기서 에머슨은 단순함과 위대함을 동일시했다. 그러한 자질은 에머슨이 살던 당시 기계에는 없었으며 어쩌면 지금도 그럴지 모른다.

위대한 사람은 사사로운 욕망과 충동에 굴복하지 않으며, '이해 행위'의 유혹에 쉽게 무릎을 꿇지 않으며, 그를 통해 만물이 스스로 말하게 하고, "자연스러운 정서가 저절로 흘러나오도록 무궁한 특권을 주며", "자연스러운 사고를 위해 기꺼이 관습을 버릴 수 있는" 사람이다. 에머슨은 단순한 생각과 거침없는 통찰력에서 발견되는 인간의 위대함을 묘사하는 데 거리낌이 없었다. "인간의 위대함은 그 사고의 단순함에 있다. 그는 아무 방해

없이, 아무런 색안경도 끼지 않고, 있는 그대로의 사실을 직시한다." 단순한 마음은 "현재를 살고 현재의 시간으로 과거와 미래를 흡수한다." 현재의 충만함을 사는 단순한 마음이란 생각은 페넬롱Fénelon에서 루소로 흐르다가 에머슨에 와서 마침내 영어로 명료하게 표현되었다. 마지막으로 살펴볼 것은, 위의 '색안경'에서도 암시되듯이 단순함은 무색이란 점이다.

> 시공간은 눈이 만드는 생리적 색상에 불과하지만 영혼은 빛이다. 빛이 있는 곳이 낮이고, 빛이 있었던 곳은 밤이다. (…) 창문 아래 핀 장미꽃은 이전에 핀 장미꽃도, 더 아름다운 장미꽃도 참고하지 않는다. 이 장미들은 지금 바로 이 모습 그대로, 바로 오늘 하느님과 함께 존재한다. 이들에게는 시간이 없다. 이들은 그저 장미일 뿐이며, 매 순간 그 존재만으로도 완벽하다. (…) 인간 또한 시간을 초월해 바로 현재에 자연과 더불어 살지 않는 한 행복할 수도, 강해질 수도 없다.**10**

단순한 마음은 단순한 장미와 같아질 수 있다. 현재에 굴복하고 "살아 있음만이 소용이 있을 뿐, 살았던 것은 소용이 없다."는 사실을 받아들인다면 말이다. 에머슨은 힘이란 과거도 미래도 아닌 오직 현재에만, 이행하는 과정에만 있다고 말한다. 그것은 에너지이며 "심연의 전율" 속에 있다. 자연에서는 힘이 있는 것만이 변화를 견디고 살아남을 수 있다. "자연은 스스로 도울 수 없는 자를 그 안에 남기려 공연한 수고를 하지 않는다." 자연의 자기 의존성이라는 단순한 사실을 받아들일 때 비로소 초월론적 윤리의 토대가 형성된다. 세계는 의식에서 출현하므로, "자립적일수록 더 간단하다."는 사실은 더 명백해진다.

루소, 소로와 에머슨, 이 세 사람은 어떻게 생을 이어갈지 하는 문제보다는 생을 더 간단하게 만드는 문제에 몰두했다. 결국, 그들의 윤리는 생을 가장 우위에 둔다. 생의 가장 위대한 모습은 자연 속에서 드러난다. 단순함이 드러내는 것, 단순한 삶 속에서 일치된 행동과 숙고로 영속시키려는 것은 바로 인생의 에너지, "심연의 전율"이다. 이들 사상가는 그들이 글을 쓰는 동안 일어난 사회적, 정치적, 산업적, 문화적 변화를 예리하게 인식하고 있었다. 이들은 혁명을 목격한 후 단순함에 더 관심을 가지게 된 것으로 보인다. 그들은 새로운 삶의 방식에 있어 생의 복잡성에 큰 중요성을 부여하지 않았다. 이러한 복잡성은 삶과 생활을 일련의 소비적 욕구, 자동적인 행동, 분열된 관습, 자기 분열적 경험으로 환원시켜버렸다.

초월주의자들이 그린 단순한 삶은 프루틀랜드 농장 같은 계획 공동체에 영감을 주었다. 프루틀랜드 농장은 1843년 6월 미국 매사추세츠주 하버드 지역에 세워졌다가 같은 해 12월에 갑자기 해체되었다. 이념적 갈등과 농장 자원의 부실 관리로 공동체가 와해된 것이다. 프루틀랜드 사람들은 식단에서 모든 동물성 제품을 배제하는 것 외에는 사회라는 북새통에서 동떨어진 단순한 삶을 상상하지 못했다. 이러한 실험이 실패한 후, 식이 제한과 신체적 건강에 근거한 신조는 특히 19세기 독일에서 일어난 다양한 운동의 기초 사상이 되었다. 19세기 후반 독일과 스위스에 광범위하게 전파된 '레벤스레폼Lebensreform' 또는 '생활 개혁' 운동 모두가 초월주의자나 루소로부터 직접적인 영향을 받은 것은 아니지만, 식습관과 건강을 최우선으로 여기는 태도는 루소와 소로의 사상이 반영된 것이다.

레벤스레폼은 각성에서 시작한다. 이들은 정치 체제로 사회를 개혁할 수 있으리란 기대를 버린 후, 탁월한 변화의 동력으로 개인에 좀 더 집중했다. 혁명적 관점을 지닌 독일의 급진적 민주당원 구스타프 슈트루페는 자기 삶의 선택, 즉 "자기 통제, 절제, 행하는 모든 일에서의 단순함, 즉 내적 자유"에 루소가 끼친 영향을 인정하며, 사회 정의로 향하는 긴 길을 닦았다. 이러한 가치를 채택한 사람들 사이에 계급의식이 싹트기 시작했다. 비록 이들 공동체는 무정부 사회주의자에서 외국인 혐오 집단까지 여러 다른 정치 사회적 견해로 크게 분열되어 있었지만, 이들 모두 일련의 핵심 가치를 공유하고 있었다.

그들의 철학적 견해차에도 불구하고, 이러한 작업은 공통점이 많았다. 이들 각자는 유기 농업, 채식주의, 자연주의, 동종요법 같은 좀 더 자연적이고 자족적인 생활 양식을 기반으로 당시 급격한 사회 분화를 겪고 있던 외곽 지역에서 공동체적 가치를 재정립할 방안을 모색했다. 이들 각자는 수사적 측면에서 반자본주의자이자 반유물론자였고, 젊음 그 자체를 가치 있는 것으로 강조했으며, 축례 의식 일정을 마련하기도 했다. 게다가 좌파든 우파든 이들 공동체에서는 "철학자는 너무 많고 감자 농부는 부족한" 문제가 공통적으로 나타났다.**11**

여기서 말하는 철학자와 감자 농부 사이의 불균형 문제는 1900년 베를린 근처 슐라흐텐제에 세워진 '뉴커뮤니티'를 언급하는 것이다. 이 공동체는 수많은 사상가를 충분히 먹여 살릴 만큼의 실천가가 부족해서 와해된 것으로 알려져 있다. 머리가 너무 많으면 공동체는 붕괴된다. 그러나 이 운동은 1900년대 초에 문을 연 '레폼하우스Reformhaus' 또는 건강 식품점으로 그 명맥을 이어갔다.

이런 상점들은 건강에 예민한 고객들의 욕구에 부응하면서 독일과 그 밖의 많은 나라에서 인기를 얻었다. 이들은 단순한 삶을 파는 '간편한' 가게가 되었다. 여기서는 개인의 건강과 더 큰 사회, 그리고 지구를 위한 상품을 판매한다. 이러한 상점들은 개인의 자유와 건강을 중시하는, 교육 수준이 높은 백인 중산층 사회 개혁가들의 구미에 꼭 맞는 듯하다. 단순한 삶은 "적을수록 좋다"는 구호와 함께, 계급의식이 있는 윤리적 소비자들이 손쉽게 추구할 수 있는 목표가 되었다. 편리하게도 이제 단순한 삶은

제4장

단순한
개혁

상점에서도 판매된다. 더 이상 오두막을 짓거나 단순함에 대해
사색할 필요는 없다.

최소한의 삶
최선의 삶

단순함을 만드는 단순함

SIMPLE

"기술의 비약적인 발전과 더불어 인류는 완전히 새로운 빈곤에 처했다. 그리고 이러한 빈곤의 이면에는 차고 넘치는, 숨 막힐 정도로 팽배한 이념들이 있다."[1] 1933년 발터 벤야민은 걷잡을 수 없는 기술적 진보로 특정한 경험의 빈곤이 생겨났다고 주장했다. 심지어 "숨 막힐 정도"로 많은 사상이 퍼졌으나 경험의 진공 상태를 채우기엔 역부족이었다. 그리고 "경험의 빈곤은 개인 수준을 넘어 인류의 전반적인 경험의 빈곤으로 이어졌다."

사람들은 경험의 빈곤을 겪지만 이를 새로운 경험으로 채울 생각은 하지 않는다. 그들은 문화와, 문화를 가장한 뉴스를 소비함으로써 이를 보상하려 한다. 이 지겨운 보상에 물린 사람들은 곧 피로를 느낀다. "당신이 그토록 피로한 이유는, 단순하지만 원대한 계획에 생각을 집중하지 못하기 때문이다." 그토록 피로

한 가운데, 사람들은 해리 장치를 이용해 "단순하지만 원대한 실존"을 하나의 꿈같은 존재로 변환시킨다. 그리하여 그들은 자신의 단순하고도 원대한 실존을 몰아낸다. 결국, 경험의 빈곤은 실존적 빈곤으로 이어진다.

벤야민은 새롭고 긍정적인 '야만성'이 이를 해결할 수 있으리라고 믿었다. "야만성은 어떻게 경험의 빈곤을 해결할 수 있는가? 그것은 우리를 밑바닥에서 다시 시작하게 한다. 새롭게 한 걸음씩 먼 길을 가도록, 돌아보지 말고, 하나씩 차근차근 쌓아가도록 한다." 벤야민은 단순한 삶도 정의할 수 있었다. 즉 경험에 뿌리를 둔 삶, 즉각적인 경험의 풍부한 토양에서 자라나는 삶, 수단의 검약성과 목적의 명확성이 그 자신을 앞으로 이끄는 삶, 이 땅의 영원한 이방인으로 모든 관습을 경험의 시험대에 올리는 야만인의 단순한 삶이 그것이다.

벤야민이 말하는 모든 야만인은 "시대에 대한 환상 없이 거기에 무한히 헌신"한다. 이들 야만인과 마찬가지로, 단순한 삶의 옹호자들 또한 자신들의 시대에 불신을 보이면서도 동시에, 장기적으로 영향력 있는 지역 활동에 기꺼이 헌신하곤 한다.

발터 벤야민에 따르면, 세계를 직접적으로 완전히 경험하기가 점점 어려워지고 있다. 대지를 구역과 사유지로 나누는 담장과 울타리는 완전한 경험을 방해한다. 또한, 사람들이 세상에 남긴 물리적 흔적은 그들이 온 세상에 편재해 있음을 일깨워준다. 벤야민이 옳다. 근대인과 그의 후손들은 세상 모든 곳에 그들의 자취—낙서든, 쓰레기든, 그 이름이든—를 남기느라 분주하다. 거의 모든 것에서 개인의 실존이 남긴 흔적을 읽을 수 있다. 말하자면 글은 내가 이 세상에 있었음을 말하는, "나는 여기 있었다."라는, 이 세상에서 나와 내 현존을 기리기 위한 기호다. 여기서 야만인의 과업은 이러한 흔적을 지우는 것이다. 이 세계가 최초의 백지로 돌아갈 수 있도록 세상을 구획하는 눈금을 제거하고 말끔히 일소하는 것이다.

벤야민은 데카르트와 뉴턴, 아인슈타인이 바로 그러한 야만인이라고 말한다. 그들은 위대한 마음을 가졌다. 세상을 백지로 되돌려 새롭게 출발하게 할 수 있는 야만인은 위대함의 모든 특징을 보인다. 그렇다면 세상을 백지로 되돌리지 못하는 사람들은 어찌해야 하는가? 우리 아마추어 측량사들은 세상에 남긴 흔적들을 부분적으로나마 제거해 후손들이 살아갈 땅을 보존할 수 있을까? 그러면 세상에 상처를 입히지 않고 우리가 여기 있었다는 표지를 새길 수 있을까?

이 땅 위에 흔적을 남기지 않는 것, 이는 모두가 동의하는 삶의 목적이기는커녕, 보통은 사람들이 원하지도 않는다. 지울 수 없는 실존의 표지를 남기지 않고 날것 그대로의 경험 속에서 사는 삶의 단순한 풍요로움을 입증하려면 알렉산더 포프와 같은 시인이 필요했다.

오직 바라고 보살피는 것이

아버지로부터 물려받은 몇 에이커의 땅인 사람은 행복하다

그는 땅에서 불어오는

고향의 공기를 호흡하는 일에 만족한다

젖소에서 우유를 얻고 땅에서 빵을 얻고

양 떼에서 옷감을 얻는다

여름의 나무에서 그늘을 얻고

겨울의 나무에서 불을 얻는다

한 시간, 하루, 일 년의 유유한 흐름에

무심히 몸을 맡기는 자에게 축복이 있으라

육신이 건강하고 마음은 평온하며

낮에는 고요하다

밤이면 깊게 잠들고

공부와 안락이 함께하니 달콤한 휴식이로다

그리고 티 없는 마음은 깊은 사색에 잠겨

가장 큰 즐거움을 찾는다

아무에게도 보이지 않게, 아무도 모르게 살게 하소서

그리하여 아무도 슬퍼하는 이 없게 죽게 하소서

아무도 모르게 이곳을 떠나고자 하니

내가 누운 자리에 돌을 세우지 마소서

최소한의 삶
최선의 삶

이 시 〈고독의 송가Ode on Solitude〉를 썼을 때 포프는 겨우 12살 이었다. 그와 가족은 종교상의 이유로 시골로 옮겨가야 했다. 이

시는 호라티우스의 《서정시집Epode》 2권 중 전원생활의 즐거움을 찬미한 시, 〈행복한 사람beatus ille〉을 떠올리게 한다. 포프의 시는 세상에서 몰래 도망쳐, 조용히, 보이지 않게, 아무런 비석도 남기지 않고 떠나겠다는 내용의 라틴어 시에 부치는 송가다.

이 단순한 사람은 세상으로부터 아무것도 빼앗지 않고 몰래 빠져나온다. 이 행복한 사람의 단순한 삶은 조용히 끝난다. 그는 자신의 이야기를 전할 말 한마디도 남기지 않은 채, 후세에 알리고자 역사의 벽에 "나 여기 있었노라."고 쓰는 일도 없이, 그저 살다가 떠난다. 단순한 삶은 문자의 나열로 연장되지 않는다. 그것은 순간을 사는 삶이다.

거의 모든 것에 즉각적으로 소통이 이루어지는 시대에, 작성한 글이 클라우드 서버에 영원히 보관되는 시대에, 세상으로부터 몰래—아무에게도 보이지 않게, 아무도 모르게, 아무도 아쉬워할 사람 없이—도망치겠다는 생각은 자못 두렵게 들리기까지 한다. 우리는 모두 탄소 발자국과 디지털 발자국을 남긴다. 이 새로운 기술들은 우리가 몰래, 말없이 이 세상을 떠날 수 없게 한다. 심지어 겉보기에 덧없는 방식으로, 허무와 죽음을 극복하는 수많은 방법을 제시한다. 이제 사람들은 가상의 세계에서 영원히 마르지 않는 잉크로 완전히 자신의 것이 아닌 경험에 대해 글을 남긴다. 신기술은 기계를 쾌락의 대상으로 만들었다.

프랑스 철학자 앙리 베르그송은 우리가 죽음을 두려워하지 않았다면, 그러한 쾌락은 그것을 만들어낸 열기구와 함께 공기

중으로 흔적 없이 사라졌을 것이라 말한다. 이러한 쾌락은 "모호한 신비주의적 직관"에서 오는 삶의 즐거움 또는 단순성으로 대체된다.《도덕과 종교의 두 원천Two Sources on Morality and Religion》(1932)에서 베르그송은 더 단순한 삶(그저 단순한 삶이 아닌)으로 돌아갈 가능성에 대해 썼다.

그는 새로운 기술 같은 과학적 진보가 인위적인 수요를 일으켰는지, 다시 말해 신기술이 새로운 수요를 낳는지 물었다. 그에 따르면, 과학은 발명 정신에 복무하며 수 세기 동안 인간의 마음에 활력을 불어넣었다. 과학이 열렬히 옹호하는 발명 정신은 세계와 사람들의 마음을 변화시켰다. 새로운 수요를 창출할 때 과학자와 발명가, 그리고 그들의 수많은 추종자는 발명품이 더 큰 선에 복무하는지, 단지 인위적인 욕구와 쾌락을 만족시킬 뿐인지에 대해서는 거의 신경 쓰지 않는다. 사람들은 기계와 기술을 도덕적 목적으로 사용하고, 기술로 실존을 필요 이상으로 복잡하게 만들기보다는 단순하게 만들 책임이 있다.

기계 사용의 혁명은 우리 몸에서 시작한다. 기본적인 도구는 물론 모든 신기술 및 기계 발명품은 인간 신체의 연장延長이다. 이로써 인간의 힘과 크기는 그의 영혼을 능가하여 한없이 커졌다. 쪼그라든 영혼은 이제 더는 연장된 신체를 지배하지 못한다. 영혼과 육체의 불균형은 왜 우리가 인위적인 욕구를 우선시하고 장기적인 고려 대신 즉각적인 신체적 쾌락을 추구하게 되었는지 설명한다. 도덕적 방황의 근원도 여기에 있다.

베르그송은 기계와 기술은 우리가 신체적 한계를 넘어 세계 그 너머에 도달해 저 하늘을 보게 하는 것이어야 한다고 말한다. 기계는 영혼을 도와야 한다. 그는 인간의 발명품에 수반하는 가장 완전하고 적극적인 신비주의만이 기계를 제어할 수 있다고 말한다. 이 "완전한 신비주의"는 주관성과 객관성이 총체적 현존으로서 하나가 되는, 인간을 넘어서는 이상적인 총체적 경험의 단순성으로 정의된다.

프랑스 철학자 블라디미르 장켈레비치는 자신의 철학적 과제에서 단순한 삶에 그의 스승 베르그송에게서 나타나는 초인적 가치는 부여하지 않는다. 장켈레비치는 단순성을 두 개로 구분했다. 하나는 기원의 단순성이고 다른 하나는 삶을 단순화하는 방법으로서의 단순성이다.

그가 1986년 파리에서 출간한 에세이 《순수와 냉혹L'Innocence et la méchanceté》에는 다음 두 가지 개념이 두드러진다. 첫 번째로 단순함은 항목화, 분열, 해체, 분할을 거부하려는 의도에 따른 결정 혹은 행동이다. 단순한 마음은 자기 그림자를 두려워하는 의식이 형성한 빈자리, 공허함, 은신처로 채워져 있지 않다. 그것은 균질하고 하나의 전체이다. 또한 내면이 나눠지지 않은 온전한 단순한 자아만이 사랑의 대상을 찾을 수 있다.

장켈레비치가 말했듯이, 자아는 내면이 하나가 되길 기다리며 그 자신의 또 다른 이미지가 아닌 외부의 '진정한 타인'을 찾아내 그를 사랑한다. 반면에 분열된 자아는 자신의 일부와, 자신의 안과 밖에서 영원히 끝나지 않는 대화, 자신의 모습을 투영한 타인과의 가상적인 대화를 지속한다. 반대로 단순한 자아는 타인에게서 진짜 타자를 발견한다. 이때 단순성은 참되고 유익한 관계와 사랑의 전제 조건이 된다.

두 번째로 장켈레비치가 에세이에서 발전시킨 개념은 즉흥성으로서의 단순성이다. 의식이 고요해지고 하나가 되면 그것은 순간이 되고 현재의 모든 가능성이 된다. 이러한 단순한 사람은 '호모 이코노미쿠스homo economicus, 경제적 인간'가 아니다. 그는 미래를 대비해 일하지 않고 돈을 은행에 맡기지도 않으며 은퇴를 대비해 저축하지 않는다. 단순한 사람은 즉흥적이다. 장켈레비치의 말을 재인용하면, 단순한 사람은 바로 지금의 풍부한 가능성에 둘러싸여 있다. 바로 지금의 풍요로움은 정량화될 수 없으며, 확실히 현금화할 수도 없다. 현재 이 자체는 아무런 준비나 의례 없이 맞을 수 있으며, 현재가 도래한 순간 "즉각적인 준비"와 함께 수용할 수 있다.

단순성은 즉흥적이며, 단순성은 사랑이다. 장켈레비치의 단순성은 바로 이 순간의 풍요로움 속에서 다른 이들과 함께하는 삶을 말한다. 그것은 또한 지복이나 신비주의가 아닌, 확실히 영웅주의도 아닌, 베르그송의 철학에서도 볼 수 있듯 소박한 행동으로서의 단순성이다.

오늘날 단순한 생활과 기술의 개념은 서로 엉켜 있다. 예컨대 단순한 모바일 애플리케이션은 복잡한 삶의 구원자로 여겨지고 있다. 그러나 기술은 알아차릴 수 없도록 교묘하게 경험과 실존의 영역을 침범하고 있다. 애플 같은 회사는 모바일 기기 사용량을 알리는 주간 보고서를 제공한다. 이는 고객의 자기 통제를 장려하기 위한 다소 수상한 시도이다. 그러나 기술의 오만함에 대한 저항은 나날이 거세지고 있다. 심지어 신기술 추종 문화에서도 신新러다이트* 운동은 잦아들 기미가 보이지 않는다.

〈가디언The Guardian〉의 제이미 바틀렛은 "2018년은 신러다이트의 해가 될 것인가?" 하고 물었다. 러시아의 미국 선거 개입설과 무수한 온라인 사생활 침해, 그리고 다크웹** 확산 등 기술의 역기능에 대한 증거가 쌓이고 있다. 민주주의는 기술적 위협에 처했다. "향후 몇 년간 기술이 민주주의와 사회적 질서를 파괴하거나, 아니면 정치가 디지털 세계에 군림하는 두 가지 시나리오를 생각해볼 수 있다. 현재로서는 기술이 나약하고 가소로운 적들을 물리치며 이 전쟁에서 승리하고 있다는 것이 분명해지고 있다."

이 싸움은 치열하다. 지난 몇 년간 단순 기술low-tech 생활 양식과 전기를 사용하지 않는 삶의 방식에 매료된 사람들이 늘었

---

* Luddite, 기술-기계에 저항하는 운동 사조. 19세기 방직기계 도입으로 일자리를 잃은 영국 노동자들의 투쟁에서 시작했다.
** 접근이 제한적인 웹사이트. 범죄 등에 악용되는 경우가 많다.

다. '슬로우 테크놀로지'라고도 불리는 '슬로우 라이프' 등 새로운 운동에서는 인내를 미덕으로 여긴다. 강성 기술 혐오론자들의 종말론이 내키지 않는 사람들은 제이미 바틀렛이 역설한 개혁적 온건 러다이트 운동에 이끌렸다. 그러나 이 운동도 낡은 기치 아래 급진적으로 변해갔다.

'유나바머Unabomber'*로 알려진 시어도어 카진스키도 신러다이트 운동을 옹호했다. 그는 1995년 '산업 사회와 그 미래'라는 제목의 선언문을 발표했다. 그동안 20년 넘게 반기술 운동과 폭력 사태를 벌여 세 명을 살해하고 수많은 이에게 중상을 입힌 후였다. 이 선언문은 무절제한 기술적 진보로 인한 수많은 병폐―자유의 상실과 심리적 폭력 등―를 지목한다. 카진스키가 2008년에 출판한 산문집인 《기술적 노예제Technological Slavery》는 네 가지 주제를 담고 있다.

(1) 기술적 진보는 우리를 피할 수 없는 재앙으로 이끌며 (2) 현대 기술 문명의 붕괴만이 재앙을 막을 수 있다. (3) 정치적 좌파들은 혁명에 항거하는 기술 사회의 첫 번째 방어선이다. (4) 필

---

* 미국의 연쇄 폭발 테러리스트로 1978년부터 16차례에 걸쳐 우편물 폭탄 테러를 자행했다. 이로 인해 세 명이 숨지고 23명이 다쳤다. 1996년 체포되었다. 당시 '유나바머'란 별명은 그의 주요 표적이었던 '대학교(university)'와 '항공사(airline)'의 앞 글자에 폭탄범(bomber)을 합친 미국 연방수사국의 코드명에서 비롯했다.

요한 것은 기술 사회의 소거에 헌신하는 새로운 혁명 운동이다.

이 책의 공동 저자인 데이비드 스크르비나는 서문에서 러다이트 운동의 주제를 확장했다. 인간은 오늘날 우리가 보는 거대한 기술적 진보에 대응하게끔 진화하지 않았다는 것이다. 우리가 신체적, 심리적으로 현재의 기술적 영향 앞에 취약하다는 사실, 그리고 그러한 진보가 어디서 발생할지 예측할 지적 능력이 없다는 사실은 우리에게 경종을 울린다. 실제로 그렇다. 그런데 스크르비나는 기술이 자멸의 길에 들어섰기를 바란다

《기술적 노예제》에는 아나코 원시주의자**들의 근거 없는 믿음을 낱낱이 파헤치는 장도 포함하고 있다. 그들은 수렵채집 집단을 오늘날 사회가 지향해야 할 전범으로 여긴다. 카진스키는 그가 "멍청한 몽상가, 한량, 사기꾼"이라 부르는 사람들에 반대하지만, 원시 시대 사람들은 오늘날의 우리가 그렇듯 기술로 인한 만성 스트레스에 시달리지 않았으며, 환경을 파괴하지 않았고, 지금보다 훨씬 자유로웠다고 결론 내린다. 기술적 폭정으로부터의 자유는 카진스키와 그 추종자들이 추구하는 이데올로기의 원동력이다.

반기술 단체들은 만연한 기술적 확장의 위험성을 밝힌다. 그

제5장

단순함을
만드는
단순함

** anarcho-primitivist, 문명이 없는 원시 상태를 추앙하는 사람들

중 급진적인 무리는 기술로부터의 해방을 앞당기고자 직접 행동에 나선다. 이는 평등, 평화와 같은 민주주의의 근본 가치를 위협하기도 한다. 반문명 운동인 '야생주의'가 그러한 사례 중 하나다. 행동학과 사회 생물학은 이들 운동의 이념적 토대를 이룬다. 추종자들은 그들의 방식이 폭력을 조장하는 한이 있어도, 인류가 원래의 토착적인 삶의 방식으로 돌아가야 한다고 주장한다.

그들은 두 가지 전략을 채택했다. 하나는 자연에서 잘못 이끌려 나온 것들을 원래 자리로 '복귀'시키는 것이고, 다른 하나는 우리 안의 야생적 의지의 부름에 귀 기울이는 것이다. 진보주의, 특히 사회 진보주의야말로 야생주의자들이 극히 혐오하는 것이다. 이들은 어떤 진보든 그것이 자연의 인위적 변형이기에 모든 진보는 탈자연화로 이어진다고 믿는다. 주류 이데올로기로서의 휴머니즘과 여기서 파생된 민주주의 및 해방 운동 등의 산물은 인위적인 것으로 여겨진다. 야생주의와 정치적 무정부주의 간의 심각한 분열은 돌이킬 수 없는 것으로 보이지만, 일부 환경-무정부주의자와 환경-사회주의자는 다시 대화를 시작할 수도 있다.

탈성장주의 연구 기관 '심플리시티 인스티튜트'의 공동 이사 새뮤얼 알렉산더는 '야생 민주주의'라는 개념을 제시했다. 그에 따르면 교육과 저항, 쇄신에 주안점을 두는 무국적 에코 아나키즘은 입법 활동을 목표로 하는 생태 사회주의자들의 활동에 반감이 없다. 오히려 그들은 갑작스러운 정부 붕괴보다는 환경적 가치와 사회 정의를 옹호하면서 혁명을 이어가자고 주장한다. 이러한 혁명은 규제받지 않는 자본주의의 급속한 확산을 저지할 수 있을 것이다. 야생 민주주의는 상상력이 야생으로 되돌아간 정치 문화적 공간에서 일어난다. 알렉산더는 저서 《야생 민주주의》에서 이렇게 말한다.

> 이러한 상상력의 개방 또는 회복은 변혁의 과정에서 결코 무시할 수 없는 전제 조건이다. 생태 사회주의, 에코 아나키즘, 아니면 또 다른 방식으로든 더 많은 사람이 다른 세계의 가능성을 이해하기 전까지는 자본주의를 넘어서는 의도적인 전환은 일어나지 않을 것이다. 그런 의미에서 혁명적 상상력을 자극하려면, 사람들이 모든 대안적 삶의 방식을 볼 수 있도록 해야 한다. (…) 주장컨대 문제는 사람들의 상상력을 어떻게 대안적 삶이라는 가능성으로 이끄느냐 하는 것이다.[2]

알렉산더가 옳다. 미래를 준비하면서 바로 그 순간 더 단순한 삶의 가능성을 상상하는 능력을 복원하기란, 달성이 어려운 만큼 중대하고 필수적인 문제일 것이다. 그의 주장은 타당하고 시의적절하다. 상상력의 회복이라는 그의 주장은 그에 앞서 상당한 문화적 호소력으로 쓴 저작들을 떠올리게 한다. 알렉산더는 '야생 민주주의'에 대한 보고를 소로의 《콩코드강과 메리맥강에서 보낸 한 주A Week on the Concord and Merrimack Rivers》에서 인용한 구

제5장

단순함을
만드는
단순함

절로 마무리한다. "이 세상은 상상력으로 채울 캔버스에 다름 아니다." 원래 소로의 정확한 문장은 다음과 같다. "이 세상은 우리의 상상력들로 채울 캔버스에 다름 아니다."

여기서 우리는 알렉산더가 원래 문장에서 소유격 대명사와 복수형을 수정한 것을 눈여겨봐야 한다. 소로가 "우리의 상상력들"이란 표현으로 인간의 창조적인 상상력을 지칭하려 했다면, 여기서 우리 앞에 펼쳐진 세계는 상상력으로 채울 백지나 다름없다. 활발하고 창조적인 상상력이라는 낭만주의적 사상이 여전히 이 문장을 지배하고 있다. 마치 세계를 장악하려는 듯 과감히 붓을 휘둘러 세계를 그린다. 그렇다면 상상력은 우리로부터 세상을 빼앗아갈 수 있을까?

독일의 실존 철학자 마르틴 하이데거에 따르면 "기술은 드러냄의 방식이다." 그리고 기술이 드러내는 것은 이 세상이 '상비 자원'이라는 것이다. 하이데거의 에세이 《기술에 관한 질문The Question concerning Technology》에 따르면, "현대 기술의 원칙에서 드러냄은 '시험'이다. 그것은 자연에게 추출하고 저장할 수 있는 에너지를 공급하라는 불합리한 요구를 한다." 기술 세계에서 땅속 깊은 곳, 들판, 강은 모두 에너지를 공급할 수 있는지 '시험'되었다.

에너지는 열을 공급할 수 있는지 '시험'되었고, 열은 증기를 생산할 수 있는지 '시험'되었으며, 증기는 엔진을 가동할 수 있는지, 엔진은 석탄을 채굴할 수 있는지, 계속해서 '시험'되었다. 시험은 절대 끝나지 않으며 언제 끝날지도 알 수 없다. 이러한 드러냄은 복잡하게 얽힌 네트워크 경로를 통제하고 보호하면서 자기에게 자기를 드러낸다. "모든 곳에서 모든 것이 즉시 사용될 수 있도록, 그래서 추가 주문에 대비하도록 바로 여기에 대기 정렬한다. 이런 방식으로 정렬된 것은 그것이 무엇이든 자기 자리가 있다. 우리는 그것을 상비 자원이라고 부른다."

이러한 '상비 자원'에서는 우리가 '실재'라고 부르는 모든 것이 시험되고 정렬되며 교환된다. 인간은 이러한 정렬을 지휘할 일부 권한이 있음에도 분명 '상비 자원'에 포함되며, 일반적으로 '인적 자원'으로 분류된다. 마찬가지로, 자연 또한 원자재를 생산할 능력이 있다는 점에서 일부 권한이 있다. 즉 자연은 여전히 인간이나 기술과는 독립적으로 그 자신을 드러낼 수 있다.

시험되거나 명령을 받는 모든 것은 '프레임화'의 능동적인 과정을 거쳐 정렬되고 조립된다. 프레임화는 다른 모든 형태의 드러냄을 압도할 수 있다. 그것은 인간으로부터 인간을 감춘다. "오늘날 인간은 어디에서도 그 자신, 즉 그의 본질을 마주하지 못한다." 프레임화는 세상이 자신을 드러내는 방식을 감추고, 심지어 그것이 자신을 드러내고 있다는 사실마저 감춘다. 하이데거는 말한다.

인간에게 가장 먼저 위협이 되는 것은 치명적일 수도 있는 기계나 기술 장치가 아니다. 실제 위협은 이미 그의 본질에 영향을 끼쳤다. 프레임화의 규칙은 인간을 위협한다. 인간이 더 원초적인 드러냄으로 진입하여 더 근본적인 진리의 요청을 경험하는 것을 거부하게 될 가능성이 있기 때문이다.**3**

프레임화와 더불어 세계를 '상비 자원'으로 간주하게 되는 그 과정은 인류가 세계와 어떤 관계를 맺게 되는지를 결정한다. 상기 인용문에서 언급했듯이, 프레임화는 다른 형태의 드러냄을 은닉하여 우리가 더 자연적인 또는 더 '근본적인 진리'를 듣지 못하게 한다. 그러나 하이데거가 설명하듯이 프레임화에는 세상을 파괴하기 위함이 아닌 세상을 돌보기 위한 가능성이 여전히 남아 있다. 하이데거가 쓴 바에 따르면, 그리스어 '테크네techné'에는 수단과 기술, 또는 '포이에시스poiesis'의 뜻이 담겨 있다.

'포이에시스'는 시인과 장인에 의해 성취되는, 존재로의 탄생을 말한다. 하이데거의 에세이는 독자들에게 세계를 그저 '상비 자원'으로 보는 것을 넘어 존재가 탄생하는 '포에이시스'로, 드러냄의 과정으로의 참여로 볼 것을 권한다. 시인에게 세상은 있는 그대로 드러난다. "시는 진리에 장엄함을 가져와 (…) 그것이 가장 순수하게 빛나도록 한다. 시는 모든 예술에 깊이 스며들어, 그것의 모든 존재가 아름다움으로서 드러나도록 한다." 가장 순수하게 빛나는 그것이 바로 진리다. 이러한 특별한 드러냄을 위해서는 프레임화의 확장으로부터 그것을 보호할 필요가 있다. 예술은 우리로 하여금 기술에 의문을 품게 한다.

하이데거 사상은 단순한 삶에 대한 새로운 사고방식을 제시한다. 예술이나 프레임화는 서로 다른 유형의 드러냄의 방식이다. 하지만 모든 드러냄은 필연적으로 그것의 반대 개념, 즉 은폐를 수반한다. 모든 예술 작품과 공예품에는 드러냄과 은폐 사이의 긴장이 발생한다. 소목장小木匠의 견습생 사례는 이 점을 잘 보여준다.

견습생들이 배우는 것은 단지 도구 사용 기술이 아니다. 만들어야 할 작품의 전형적인 형태에 대한 지식을 얻는 것에 그치지도 않는다. 진정한 소목장이 되려면 모든 종류의 목재와 그 안에 잠든 형상에 대해, 인간의 집에 자리하기 전까지 그것이 숨기는 모든 풍요로움과 본성에 대해 스스로 묻고 답할 수 있어야 한다. 사실, 목재와의 이러한 관계성은 공예 과정 전반에 걸쳐 유지된다. 관계성이 없다면 공예 작업은 그저 손이 많이 가는 헛된 일에 불과하며, 그와 관련된 일거리는 전적으로 장삿속만으로 결정될 것이다. 모든 수공예품, 인간의 모든 거래는 항상 그러한 위험에 처해 있다.**4**

소목장이 원재료와 맺는 관계성의 본질이 바로 공예와 제조업을 가르는 차이점이다. 또한 소목장은 먼저 '스스로'를 갈고 닦아야 한다. 그는 먼저 스스로 목재의 특성에 대해 "묻고 답할 수" 있어야 하고 그러도록 자신을 훈련시켜야 한다. 이 훈련이 끝나면 그는 작업을 하는 동안 거기에 무엇이 감추어져 있는지

제5장

단순함을
만드는
단순함

"묻고 답할 수" 있다. 그러한 작업을 통해 소목장은 무언가를 감추지 않으면 아무것도 드러나지 않는다는 사실을 배운다.

원재료와의 관계성이란 자신이 만드는 것의 의미와 여기에 대한 대응 방식에 주의를 기울인다는 것을 의미한다. 관계성은 또한 원재료의 비밀 또는 '숨겨진 풍요로움'을 규정하기보다는 그것을 계속 보존한다. 궁극적으로 관계성은 장인과 목재, 그리고 이들을 통해 마침내 드러난 공예품이 동시에 존재하는 것으로 이해할 수 있다. 그러나 세계의 풍요로움이 우리가 불러오려고 애쓸 필요 없이, 일단 감추어져 있다가 이제야 드러난 것이라는 사실을 받아들이려면 단순한 삶의 두 가지 미덕, 즉 노력과 겸손이 필요하다.

세상이 다른 무엇이 아닌, 하나로서의 자신을 숨기고 드러낸다는 생각은 여러 측면에서 단순한 삶의 기초가 된다. 프랑스 철학자 클레망 로세는 실재를 향한 심리적 태도를 탐구하는 데 그의 철학적인 삶 대부분을 바쳤다. 그는 실재를 '성립된 사건의 총합'이라고 정의한다. 그리고 로세는 단순함에서 "실재와 그것 자체의 우연한 동시 발생"을 본다. 그에 따르면 이는 드문 일이다. 실재와 그것의 실재함이 동시에 일어나는 것을 인식하기 위해서는 용기나 어리석음, 또는 둘 모두가 있어야 한다. 2012년 출간한 《실재와 그 복제품The Real and Its Double》의 내용을 살펴보자. 그는 책에서 다음과 같이 제안한다.

실재의 오만한 특권을 전적으로 수용하기 위해 현실을 인정하는 인간의 능력만큼 나약한 것은 없다. 때로 이러한 능력은 너무나 나약하여, 그것이 양도할 수 없는 권리—실재로서 인식될 수 있는 권리—의 승인을 포함하지만, 이는 조건적이고 잠정적인 일종의 '용인tolerance'일 뿐이라고 상상하는 것도 일견 타당하게 들린다. 누구든 상황이 허용하는 한 자기 의지로 중지할 수 있는 용인인 것이다.

실재에 대한 우리의 용인은 그 무엇도 아닌 실재 자체에 의해 끊임없이 시험된다. 실재가 우리 안에서 좌절, 혐오, 분노와 같은 부정적인 반응들을 점점 더 많이 일으킴에 따라 그것을 용인하는 능력도 명백히 부식되고 만다. 이와 반대로, 가상현실처럼 현실을 외면하게 만드는 다양한 방편들은 매우 쉽게 용인되는 듯하고 심지어 이를 반긴다. 가상현실이 최근에 나타난 현상이라면 모든 종류의 복잡화, 외면, 그리고 현실 도피는 전혀 새로운 현상이 아니다. 복잡화—어원학적으로 풀림 또는 단순화 대신 맞접음, 중첩의 뜻을 가진다—는 실재를 거부하는 확실한 방법이다. 로세는 그가 "단순함에 대한 불쾌감"이라고 부르는 것을 복잡함에 대한 호감과 나란히 놓았다. 계속해서 그는 말한다.

첫 번째 단계에서 단순한 것에 대한 불쾌감은 복잡함에 대한 호감으로 표현된다. 추구하는 목표가 같은 경우에도—심지어 과도한 복잡함 때문에 목표를 달성하지 못할 수 있다고 해도—단순한 방식보다 복잡한 묘수를 선호하는 것이다. 두 번째 단계에서는 이러한 경향을 없애기는커녕 심화시키고는 이를 해명하려 한다. 이때 단순함에 대한 혐오는 전무후무한 것을 대면하는 상황에 대한 두려움, '사물 그 자체'로부터 거리 두기, '복잡함'에 대한 호감을 의미한다. 실재의 날것 그대로의 고유성을 도저히 소화할 수 없으리란 것을 본능적으로 감지한 후 그것을 받아들이지 않으려 '복제품'에 대한 욕구를 드러낸다. 이러한 단순함의 거부를 통해 우리는 왜 상처받은 사람들이 그 상처에 몰입하는지 이해할 수 있다. 다른 사람의 눈에는 그리 영리한 전략으로 보이지 않지만 실재의 광휘, 견딜 수 없는 고유함으로 그들에게 상처를 주는 그 생생함을 잠재우려는 것이다. 사물은 오직 매개되고 복제되었을 때만 견딜 수 있다. 이런 세상에서 "있는 그대로" 취할 수 있는 것은 없다.

목표가 분명하고 도달하기 위한 단계가 간단할 때도 나는 복잡한 과정의 길을 택한다. 목적지로 향하는 더 단순한 길을 알고 있지만 그 길을 따르지 않는다. 우회하고 방황하는 자는 곧바로 난 길의 존재를 부정하지 않는다. 그들은 곧은길을 바라보며, 지치는 한이 있더라도 목적지까지 방황하며 걷기로 결정한다. 종종 더 먼 길, 내가 선택한 그 길은 더 자유로워 보인다. 그러나 길고 구불구불한 길을 걷는 동안에도 곧은길은 시야에서 사라지지 않는다. 성가실 정도로 계속해서 눈에 밟히고 예측하지 못한 순간에 튀어나온다. 로세는 실재에 대한 이러한 수용-거부를 프로이트의 '억압'이나 라캉의 '폐제foreclosure'보다 더 일반적인 문제로 기술한다.

실재의 제거를 위한 이러한 방법은 과정은 올바르지만 이상하게도 잘못된 결론으로 빠지는 추론과 비슷하다. 정확한 인식이 결국 그 인식에 적합한 행동을 산출하지 못하는 것으로 판명 나는 것이다. 이 경우 나는 보는 것을 거부하지 않으며, 내게 보여진 실재를 부정하는 방식으로 행동하지도 않는다. 하지만 나의 동의는 거기서 멈춘다. 나는 무언가를 보았고 그것을 받아들였지만 그 이상은 스스로 묻지 않는다. 마치 아무것도 보지 않은 것처럼, 다른 모든 면에서 나는 이전 행동에서 지속되는 이전의 관점을 유지한다. 역설적이게도, 나의 현재 인식과 이전 입장은 계속 공존한다. 이때 우리의 인식은 오류투성이지만 그렇다고 '쓸모가 없을' 만큼 잘못되진 않았다.

실재에 대한 쓸모없는 인식은 묵살되지 않고 오히려 다른 것으로 대체된다. 그저 보지 못하는 것이 아니라 '이중으로 보는' 더 심각한 경우인 것이다. 로세가 주장했듯이 복제품이란 자기 자신과 또 다른 자신이, 서로 수용하거나 거부하지 않고 동시에 존재하는 것이다. 실재, 즉 '성립된 사건들의 총합'은 불가피하고 변경할 수 없지만 복제될 수 있는 무언가로 인식된다. '성립된 사건'은 그 사건을 발생시킬 수 있는 다른 모든 방식을 배제하고 그것만의 유일한 방식으로 발생하므로 불가피하다. 발생한 사건에서 우리가 인식하는 것은 그 실현의 고유함이다.

우리는 실재를 고유한 것, 또는 단순한 것으로 본다. 또한 우리는 이 실재를 변경할 수 없는 것으로 본다. 왜냐하면 그것은 끊임없이 변화하므로 형태가 없고, 형태가 없는 것은 수정되거나 변경될 수 없기 때문이다. 즉 실재는 그 본성상 영원히 변화하며, 변경 불가능하며, 따라서 단순하다. 그러나 모든 사람이 실재에 대한 이러한 정의를 받아들이는 것은 아니다.

실재는 매개되거나 복잡해질 때만 견딜 수 있다. 우리는 실재의 비밀을 파헤치려는 욕구와 지적 호기심에 의해 실재를, 살아 있는 것들을 복잡하게 만든다. 그리고 이 과정에서 실재에 그것이 본래 가지고 있지 않은 의미를 더한 후, 이것이야말로 실재가 꼭꼭 숨기고 있던 비밀이라고 믿는다. 그러나 실재란 숨길 것이 없기에 비밀도 없다.

우리로서는 실재의 단순함을 견디기보다는 그것이 무언가를 감추고 있다고 믿는 편이 더 쉽다. 하지만 실재의 단순함에 열려 있는 사람은 승리와 굴욕의 이중적인 위험을 감수해야 한다. 즉, 모든 사물의 실재를 볼 수 있는 유일한 존재가 되었다는 승리감과 함께, 외톨이, 주위에 아무도 없는, 홀로인 존재가 되었다는, 그래서 마침내는 이러한 경험을 가진 아무도 아닌 존재가 되었

최소한의 삶
최선의 삶

다는 굴욕을 견뎌야 하는 것이다.[5]

우리가 아주 잠깐이나마 실재의 단순함을 경험할 때 승리감을 느끼고, 그리고 그것이 너무 쉽게 경험되었다는 사실에 굴욕을 느끼지 않는가? 실재에 대한 나의 경험은 당당하며 굴욕적인 단순함이다. 단순하게 산다는 것은 '바로 그 자체로' 보여지는 실재, 그리고 '바로 그 자체로' 경험되는 세계가 가하는 굴욕과 겸허함, 그리고 승리를 받아들일 준비가 되어 있는 삶을 말한다. 실재로서 세상을 체험하는 일은 도전이다. 즉, 자아의 단순함과 실재를 탐색하려면 양보와 겸손이 필요한 것이다.

클레망 로세는 일화를 통해 개인적 자아—정체성 개념이 주입된 사람—를 잘 묘사하고 있다. 어느 지역 인쇄업자가 죽은 후, 그의 아들은 아버지의 가게를 물려받는다. 그는 인쇄용지를 정리하다가 우연히 '개봉 금지'라는 이름표가 붙은 두툼한 봉투를 발견한다. 이후 6년간 봉투를 열어보고 싶다는 유혹에 시달리다 마침내 굴복하고 만다. 과연 '개봉 금지'라고 적힌 봉투 안에는 무엇이 들어 있었을까?

그 안에는 '개봉 금지'라는 이름표가 100장 넘게 들어 있었다. 개인적 자아도 이 봉투처럼 사소한 메시지로 가득 차 있다. 이 이야기는 로세가 개인적 정체성과 사회적 정체성을 어떻게 정의하는지 보여준다. 개인적 정체성은 사실 타인을 끊임없이 모방함으로써 획득한, 빌려온 정체성이다. 결국, 모방된 자아는 다른 자아들의 모방품들로 구성되었을 뿐이다. 빌린 또는 복제된 정

제5장

단순함을
만드는
단순함

체성의 연쇄를 로세는 '사회적 정체성'이라고 부른다. 자아는 타인에 의해 구성되며, 타인은 또 다른 타인에 의해 구성된다.

또 다른 예로 로세는 라캉을 언급한다. 라캉은 결혼한 남성의 정체성은 그가 남편이라는 것이 아니라, 누군가 다른 사람이 그의 아내라는 입증 가능한 사실에 근거함을 보여주었다. 동반자—여기서는 아내—의 존재가 지워진 고독한 자아는 정체성의 상실을 경험한다. 로세에 따르면 우리가 정체성의 상실이라고 느끼는 강렬한 느낌은 실은 한 번도 소유한 적 없고 제한된 적도 없는, 모방된 사회적 자아의 상실이다.

이런 사고의 흐름에 따르면, 우리 자신을 이해하려면 사회적 자아가 어떻게 표출되는지만 조사하면 된다. 허구에 불과한, 가장 내밀한 개인적 자아를 찾으려는 시도 혹은 내적 성찰은 타인을 무수히 모방함으로써 획득한 사회적 정체성을 발견할 뿐이다. 모방은 다 함께 합쳐져 어쩌면 환상에 불과한, 통합성과 연속성을 가진 자아라는 감각으로 이어진다. 로세에 따르면, 단일하고 단순한 자아를 찾으려는 시도는 결국 실패할 운명이다. 그러나 한 존재가 타인으로부터, 그리고 타인을 통해 형성된다는 생각은 공공의 선과 정의라는 손상된 개념에 다시 생기를 불어넣을 수도 있다.

고유하고 변경 불가능하며 예측할 수 없고 단순한 실재와는 달리, 자아는 합성되고 구성되며 변경 가능하고 일상적이다. 자아의 이러한 특질들은 우리가 무한한 복잡성을 통해 변경하려는 실재의 고유성과 단순성만큼이나 견디기 어려울지도 모른다. 우리가 실재에 대해서는 거부하는 바로 그 합일성을 자아에 부여함으로써 그것을 단순화하려 애쓴다. 단순함은 복잡하게 만들고 복잡함은 단순화하는 것이다. 단순한 삶을 살려면, 힘겹겠지만 많은 사람이 진실로 여기는 일련의 가치들을 전복해야 할지도 모른다. 어릴 때부터 사실로 믿었던 원칙에 의문을 제기해야 할지도 모른다.

자아는 단순하지 않고 단일하지 않으며, 복잡할 뿐 아니라 결코 독창적이지도 않다. 하지만 세상은 복잡하지 않고 단순하다. 이는 단순한 것—고유하고 변경 불가하며 대체 불가능한 것으로 여겨지는 돌봄의 윤리학의 기반이 될 수 있다. 이 사고 실험에서 단순하고 대체 불가능한 세계는 우리의 돌봄이 필요하다. 왜냐하면 이 세계는 단순하기 때문이다.

이 책을 읽는 사람이라면 대부분 '자발적 단순성' 운동에 대해 들어보았을 것이다. 이 용어는 일반적으로 퀘이커 교도이자 간디 사상의 옹호자인 리처드 그레그의 제안으로 여겨진다. 그는 1936년 출간한 《자발적 단순함의 가치The Value of Voluntary Simplicity》라는 소책자에서 이 용어를 정의했다. 그레그에 따르면 자발적 단순함이란 "목적의 단일함, 내면의 정직함과 성실함, 삶의 핵심 목적과는 무관한 수많은 소유물과 외부의 잡동사니에 대한 거부"의 표현이다. 여기서 삶의 핵심이 되는 단일한 목적은 나의, 다른 이들의 그리고 우리 세계의 삶 그 자체다.

　시간이 흐르면서 자발적 단순성 운동은 확대되었고, 비슷한 유형의 다른 운동과 섞이며 서로가 추구하는 목표를 보완했다. 1981년에 처음 출간된 미국 작가 듀안 엘진의 저서 《자발적 단순성: 외적으로 단순하며 내적으로 풍부한 삶의 방식을 향해 Voluntary Simplicity: Toward a Way of Life That Is Outwardly Simple, Inwardly Rich》는 1960년대와 70년대의 반문화에서 유래한 가치들을 받아들인 사회 문화 운동의 수많은 지도 원리를 한곳에 모았다. 시민권, 여성 해방 및 성 소수자 권리 운동, 환경 및 반소비주의는 모두 자발적 단순성 운동의 자양분이 되었다.

　엘진의 책 이후로 단순한 삶의 덕목을 찬양하는 저서들이 연속적으로 출간되었다. 수백만 부가 팔리며 1990년대 베스트셀러가 된 사라 벤 브레스낙의 《단순한 풍요 Simple Abundance》(1995)가 그런 예다. 세실 앤드루의 《단순함의 순환: 선량한 삶의 회복 The Circle of Simplicity: Return to the Good Life》(1997)은 운동에 새로운 활기를 불어넣기도 했다. 자발적 단순성 운동은 환경주의에서 시작해 반소비주의, 그리고 선한 삶의 탐색에 이르기까지 수많은 일련의 가치들로 구성되어 있다. 전 세계 운동가와 단체들을 고무시키는 이 다양한 동기들을 한마디로 정의하기 힘들 정도이다. 그러나 우리 지구를 구해야 한다는 절박함은 모든 운동가를 단순주의자로 만들었다.

단순주의자simplifier는 어떤 사람들일까? 심플리시티 인스티튜트의 공동 이사인 새뮤얼 알렉산더와 사이먼 어셔는 단순주의자들의 동기와 습관을 더 잘 이해하기 위해 2012년 2,000명 이상의 사람들을 대상으로 다국적 설문 조사를 실시했다.[6] 그중 몇 가지는 여기서 살펴볼 만하다.

첫 번째 중요한 사실은 인구 통계에 관한 것이다. 단순주의자 중 오직 21퍼센트만이 시골 지역에서 살았다. 이는 자발적 단순화 운동이 과거에 사람들을 대거 시골로 몰아넣은 원시주의로의 회귀가 아님을 확인시켜준다. 또한 이 수치는 단순화 운동이 전 세계 도시 인구로 확대될 가능성이 예상보다 크다는 것을 의미한다. 만일 시골 지역 사람들만 이 운동에 이끌렸다면 확산세는 예전에 잦아들었을 것이다. 설문 응답에서 주목할 만한 또 다른 사실은 참가자 중 67퍼센트가 자발적으로 수입을 줄였다는 점이다. 저자들도 관찰한 바와 같이, 단순성을 선택하는 것은 소득 및 소비 감소와 관련한 생활 방식의 변화를 의미한다.

다음으로 38퍼센트의 사람들이 일자리 또는 경력을 바꾸었고 48퍼센트는 근무 시간을 단축했다. 많은 사람이 더 단순한 삶을 살기로 결정하면서 삶의 터전을 옮겼다. 많은 이에게 단순한 삶은 지출을 줄이는 것이었지만, 또한 그 지역에서 만들어진 친환경 상품을 소비하며 현명하게 물건을 구입하고 소비 전략을 세우는 것을 의미했다. 단순주의자들은 삶의 불필요한 부분들을 제거하는 것이 단순한 생활 방식에서 중요하다는 점을 알고 있었다. 그러나 소유물을 대하는 태도는 자기가 가진 게 얼마나 되는지 계산하는 것 이상을 의미한다. 그들은 재활용이나 업사이클*의 즐거움을 말한다.

먹거리 생산도 단순한 삶의 일부로, 단순주의자 중 83퍼센트가 먹을 것 일부를 직접 키운다고 대답했고 36퍼센트는 물물교환이나 다른 비금전적 교환 방식으로 먹거리를 얻는다고 대답했다. 13퍼센트만이 채식주의자이고 엄격한 채식주의자^{vegan}는 4퍼센트에 불과해, 단순주의자의 식습관에 대한 통념은 사실이 아닌 것으로 드러났다. 또한 이 설문 조사에 따르면 단순주의자의 67퍼센트가 지역 사회 조직에 참여한 적이 있는 반면, 영성이 삶의 일부라고 말한 사람은 52퍼센트였다. 더 중요한 것은, 80퍼센트가 첨단 기술이 단순한 삶에 대립한다고 생각하지 않는다고 응답했다는 점이다. 물론 텔레비전 시청이 단순주의자들의 주요 여가 활동은 아니지만 말이다.

단순한 삶을 선택한 동기는 단순주의자들 자체만큼 다양했다. 그중에서도 환경, 건강, 자립성, 자신 혹은 가족을 위한 시간, 영성 그리고 사회 정의 등이 단순한 삶을 선택하는 이유로 가장 많이 언급된 항목이었다. 설문 조사에 참여한 대부분 사람은 단순한 생활 방식을 실천한 후 더 행복해졌다고 보고했다. 앞서 본

* 다 쓴 제품에 디자인 또는 활용도를 더해 재탄생시키는 것

것처럼, 장기적으로 단순한 삶에 헌신하기로 한 경우에는 일과 주거 환경도 그에 맞춰 조정해야 했다.

단순한 생활을 가로막는 장애물 몇 가지는 일이나 주거 환경과 관련이 있었다. 단순하게 살려면 다른 활동과 작업을 위한 시간을 따로 마련할 필요가 있다. 사람들은 출퇴근에 많은 시간을 소비한다. 좀 더 저렴한 집을 찾아 일터에서 멀리 떨어진 지역으로 이주하면 출퇴근 시간도 늘어나 단순한 생활에서 멀어진다. 이에 알렉산더와 어서는 제안을 통해 새로운 단순주의자들이 사회 정치적 개선에 동참할 것을 촉구했다. 예를 들어 근무 시간 단축과 노동 시간 단축 규제 완화 같은 것들이다. 이들은 연구 결과가 단순한 삶을 장려하고자 하는 정책 입안자들에게 도움이 되기를 희망했다. 어쩌면 정부는 장기적으로 "단순한 삶의 정치학"을 고안할 수도 있겠다.

이 설문 조사는 단순한 삶을 가로막는 또 다른 중요한 장애물을 보여준다. 바로 소비의 유혹에 저항하는 능력이다. 많은 이가 단순한 삶을 꺼리는 이유 중 하나는 너무 바빠 시간을 내기 어렵다는 것이다. 거기에는 많은 경우, 일을 더 해서 더 많이 더 좋은 것을 사고 싶다는 욕망이 자리하고 있다. 이런 유혹이 단순함의 길을 가로막는다는 것은 세상이 생긴 이래 줄곧 사실이었다. 이 책에서도 금욕적인 실천으로 세속적 욕망을 길들이거나 근절하려는 시도들을 몇 가지 알아보았다. 오늘날 그러한 실천 방식은 낡았거나, 윤리적으로나 정치적으로 문제의 소지가 있거나, 혹은 그저 급진적인 것으로 여겨진다. 많은 이에게 무의미한 호소일 뿐이다.

소비 유혹에 저항하기는 그 어느 때보다 어렵다. 값싼 상품들을 손쉽게 구할 수 있게 되면서 충동구매가 많아졌다. 설탕이나 고기 같은 재료를 쉽게, 대량으로 구할 수 있게 된 이후로 사람들은 값싼 먹거리에 중독되었다. 자본주의 경제의 가장 큰 동력 중 하나는 더 많이 가져야 한다는 사회적 압박이다.

한 사람의 도덕적 가치가 그 사람의 소유물에 의해 결정된다—"나는 내가 가진 딱 그만큼 좋은 사람이다."—는 생각이 만연해졌다. 정확히 말해, 이러한 어려움은 새로운 것이 아니다. 이전 세기 동안 몇몇 사람들은 바로 이런 이유로 자신의 삶을 (여러 가지 방식으로) 단순화하기로 결정했다. 그러나 오늘날 마케터들의 말에 따르면 상품과 식품, 부유함을 과시하려는 사치품과 그 밖의 모든 불필요한 상품은 소비자들의 단순성을 만족시키는 방식으로 홍보되고 포장되며 판매된다.

2012년 〈하버드 비즈니스 리뷰Harvard Business Review〉에는 '고객을 유지하려면 단순함을 유지하라'는 제목의 기사가 실리기도 했다. 고객의 충성도가 급락한 이후로 고객을 유지하기 위한 궁극의 수단으로 '타깃 메시지'란 것이 등장했다. 타깃 메시지의 목표는 소비자를 행복하게 하는 것이 아니라, 그들을 '붙들어두는' 것이다. '붙들기stickiness'는 소비자들이 상품을 반복해서 사게끔

하며, 그 상품에 대한 입소문을 퍼트리도록 설득하는 일로 정의된다. 그러면 이때 무엇이 고객을 붙들어두는가? 바로 단순성이다. 고객은 주어진 제품 정보를 신뢰하길 바라며, 빠르고 정확한 정보를 바탕으로 다양한 제품 중에서 구매 결정을 내리기를 원한다. 마케팅 전문가들이 주문처럼 외우는 말도 바로 이것이다.

"소비자들이 마케터로부터 원하는 것은 단순히, 단순함이다."고객은 쉽게 제품 정보를 얻고 이해할 수 있어야 한다. 명확한 정보로 고객이 간단히 구매를 결정하도록 유도해야 한다. 마케팅 연구에 따르면 정보가 많을수록, 메시지가 복잡할수록, 의사결정 과정이 복잡할수록 제품 구매 가능성은 떨어진다.

고객들이 최대한 빨리 탐색하고, 믿고, 결정하고, 구매하고, 또 구매하게 하라. 이것이 바로 마케터들의 진격 명령이다. 제품이 복잡할수록 '붙들기' 과정은 간단해야 한다. '의사결정 단순성 지수'가 높을수록 상품성은 향상된다. 단순성은 시장 경제를 활성화시킨다. 구매 결정을 가능한 한 단순화하려고 얼마나 많은 상품명에 '단순'이라는 말이 붙는지 모른다. 세계 최대 소매업체 중 하나인 '테스코'는 '심플'이라고 이름 붙인 피부 관리 제품군을 판매한다. 여기 속하는 제품은 향이 없고, 독한 화학물질을 함유하지 않았으며 부드럽다. 다시 말해 단순하다.

영국 소매업체인 막스앤스펜서는 현지 식품 전문점 이름을 '심플리 푸드'로 붙였다. 여기서 파는 음식이 꼭 단순한 것은 아니며 그렇다고 평범한 음식도 아니다. 미국의 잡지 〈리얼 심플

Real Simple〉은 800만 명에 가까운 구독자를 보유하고 있다. 〈리얼 심플〉은 사실 '리얼'하지도 '심플'하지도 않지만, 음식과 건강 제품, 생활용품, 그리고 일반적인 웰빙 제품 등을 매혹적으로 전시한다. 이 잡지는 상품 구매를 간단하게 만든다. 단순함을 파는 것이다.

'단순함'이라는 이름이 붙은 제품의 예는 많다. 그중 한 가지는 특히 주목할 만하다. 바로 '애플'이다.《미친 듯이 심플Insanely Simple》과《싱크 심플Think Simple》의 저자인 켄 시걸은 '다르게 생각하라Think different' 캠페인을 기획해 애플을 정상에 올려놓은 장본인이었다. '맥Mac'에 유구한 역사를 지닌 소문자 '아이i'를 더해, '아이-' 시리즈의 장구한 유산을 창조한 인물이기도 하다. 《미친 듯이 심플》의 제언은 가히 천재적이라고 할 수 있다.

"단순화하라, 단순화하라."
—헨리 데이비드 소로
"단순화하라."
—애플

시걸은 자신만의 방식으로 미국적 단순함의 상징적 인물을 이겼다. 미국의 문화적 지평에서 연못가의 오두막보다 더 단순한 것이 있을 수 있을까? 있다. 평범한 사람들을 위한 기술적 복잡성의 축약판, 컴퓨터가 바로 그것이다. 시걸은 소로의 표현에

최소한의 삶
최선의 삶

서 중복된 '단순화하라'를 제거함으로써 이를 더 단순화했다. 첫 번째 인용문의 주인인 유명한 저자의 이름조차 지상의 과실 '애플'이라는 간결한 표현에 비하면 과도하게 길어 보인다.

시걸은 《미친 듯이 심플》에서 "애플의 모든 혁명은 단순함에 대한 헌신에서 탄생했다."라고 말한다. 시걸의 어휘 선택으로 보건대, 단순성은 애플이란 기업에서 종교의 지위를 차지했으며 우리 삶의 방식에 혁명을 일으켰다. 애플의 가장 큰 자산은 바로 적응성이다. "세상이 변화하면 기술도 변화하고 기업 자체도 변화에 적응하지만 단순성의 종교는 변하지 않는다. 이러한 일련의 가치를 통해 애플은 감히 거부하기 어려운 기계 장치들을 창조할 수 있었다."

단순주의자들이 마주쳐야 했던 어려움에 비추어 보건대, 이런 유형의 단순함은 우리가 단순한 생활 방식을 채택하기 더욱 어렵게 만든다. 애플의 단순함은 슬로건—아이맥 제품의 예전 홍보 문구는 "단순하게 놀랍고, 놀랍게 단순하다."였다—에서부터 제품 디자인, 기업 구조, 그리고 고객 관계에 이르기까지 모든 곳에서 발견된다. 곧, 시걸은 단순함은 어려운 작업이라고 인정한다. 그러나 다행히도 그 결실은 성취하고자 노력할 만한 가치가 있다. "단순함의 가치를 수용함으로써 변화를 촉진하고, 동료들을 계속 교육하며, 매일 조금씩 회사에서 당신의 가치를 증명할 수 있다." 이것은 기업체가 단순함을 통해 이룰 수 있는 최상의 결과를 보여준다. 단순함이란 명목으로 기업 밖에서는 기술 사회적 변화를 꾀하고, 동료들을 이끌고 회사 관리자들을 격려하는 것이다.

'단순함의 종교'는 곧 "단순함은 힘이다, 개인을 위한 것이든 혹은 조직을 위한 것이든."과 같은 문장으로 이어진다. 애플의 혁명을 이끈 주요 원동력인 '신적 단순함The God Simplicity'은 마지막까지 다소 이해하기 어려운 상태로 남아 있다. 우리는 신적 단순함의 본질에 대해 들은 바가 전혀 없으며 그 속성에 대해서도 아는 바가 없다. 그러나 그것은 '숨은 하느님'처럼 만물에 깃든 신성으로 세상을 지배한다. 모든 사물의 창조자로서, 신적 단순함은 그것이 만들어낸 모든 것에 존재한다. 시걸은 말한다.

> 나이, 종교, 문화, 그리고 정치적 신념과 상관없이 사람들은 단순함을 선호한다. 사실 인간만 단순함을 선호하는 것은 아니다. 이러한 경향은 모든 살아 있는 세포의 기본 배선에 새겨져 있다. 매일의 일상적인 의사결정에서 대부분 생명체는 다음 원칙을 따른다. 단순한 길이 훨씬 더 매력적이라는 것.
>
> 사람, 개, 물고기 또는 아메바, 그 무엇이든 생명체는 단순한 해결책에 더 긍정적인 반응을 보일 것이다. 심지어 무의식적으로 반응할 때도 그렇다. 이 사실을 이해하고 포용하며 활용하는 사업가는 그렇지 않은 사람들보다 더 큰 성공을 거둘 것이다.[7]

이러한 단순함의 개념이 시걸과 애플만의 것은 아니다. 그러나 시걸의 은유적 조합은 더 거대한 비즈니스 주도적 관점을 보여준다. 그것은 여러 면에서 우리의 삶과 생각, 사고를 바꾸어놓았다. 먼저, 마치 디스크를 굽듯 단순함이 세포의 '배선'에 '새겨져' 있다는 은유다. 생명에 대해 이보다 더 기계적인 관점을 떠올리기는 어려울 것이다. 동시에 사람에서 아메바에 이르기까지 모든 생명 형태는 의사결정권과 복잡한 문제에 대해 애플이 제시한 단순한 해답에 동의하거나 동의하지 않을(가급적이면 동의할) 능력의 축복을 입는다. 그리고 이것이 바로 성공과 좋은 삶의 비결이라고 한다.

이러한 진술은 일련의 과도한 단순화로 이어져 다음과 같은 절대적 진술을 정당화한다. "부인할 수 없는 진실[은] (…) 사람들이 단순함을 선호한다는 것이다." 이러한 '내장형 선호'는 이 세계, 확실히 비즈니스적인 세계에 대한 명백히 이분법적인—단순성은 좋고 복잡성은 나쁘다는—개념으로 이어진다. "이 세상에는 단순함이라는 멋진 아이디어가 존재하지만, 복잡함이라는 어두운 구름 또한 존재한다. 복잡성은 강력하고 유혹적이므로 절대 과소평가하면 안 된다."

시걸이 그저 수사적 목적으로 과장했을 뿐이며, 그래서 조심스럽게 종교적인 은유를 들었다고 생각하는 사람도 있을 것이다. 그러나 그가 창조하는 세계, 즉 그의 세계는 자신이 생각하는 것처럼 단순함의 지배를 받지 않는다. 오히려 '단순주의 simplism', 즉 과도한 단순화와 거짓 동등성*이 지배한다.

애플의 세계에서 단순함이 선호되는 이유는, 시걸이 믿듯 우리 모두에게 그것이 존재하기 때문이다. 심지어 우리가 그 사실을 모른다고 해도 말이다. 시걸의 표현을 빌리면, 그의 세상은 단순함과 정의로움이 복잡함이란 강적의 "어금니를 뽑고" 승리하는 세상이다. 그곳은 단순함이 "지능과 상식의 사생아"로 위장한 단순주의로 변화하는 세계다. 단순주의는 이성적인 사고를 가장하지만, 소위 단순한 진실을 공언하는 사람들에게 유리한 결정을 내리려는 의도적인 판단 오류로 남는다.

시걸은 우리가 단순함을 선택하는 이유는 그렇게 설계되었기 때문이라고 말한다. 우리는 여기에 저항할 수 없다. 이것은 자유의지에 관한 흥미로운 철학적 질문이지만 확실히, 그 결과 좋은 삶이 나오는 질문은 아닐 듯하다. 시걸에게 애플은 우리의 삶을 단순화하려고 존재한다. 다시 말해 하나같이 단순성 지수가 높은 애플 제품은 우리의 결정을 단순하게 한다. 얼마나 단순하냐면, 부지불식간에 그들이 결정을 대신해줄 정도다.

삶의 지나친 단순화로 우리는 무엇을 잃게 될까? 꽤 많이 잃는다. 단순함으로부터 많은 돈을 버는, 더 정확히 말하면 엄청나게 많은 돈을 버는 소수 사람들은 예외다. 이들은 단순주의 사고의 설계자다.

* false equivalence, 참이 양극단 사이에 있다고 믿는 논리적 오류

나의 거래 방식은 매우 단순하고 직관적이다. 나는 매우 높은 목표를 추구한다. 그리고 원하는 것을 얻을 때까지 계속 밀어붙인다. (⋯)

내게 이 일은 매우 간단하다. 이왕 생각해야 한다면 크게 생각하는 것이 좋다. (⋯) 큰 생각의 핵심은 완전한 집중이다. 내 생각에는 거의 통제된 신경증이라고 생각되는데, 성공한 사업가 상당수가 이런 자질이 있음을 볼 수 있다. 이들은 강박적이고 투지가 넘치며 하나밖에 모른다. 때로는 거의 미친 것처럼 보인다. 하지만 그런 강박은 모두 사업에 집중되어 있다. (⋯)

이런 자질이 행복한 삶이나 더 나은 삶으로 이어진다고 말할 수는 없지만, 원하는 것을 얻을 수 있다는 점에서 그들은 위대하다.**8**

도널드 트럼프는《거래의 기술The Art of the Deal》에서 단순한 사고―과도한 사고 및 신경증적 전념으로 정의된다―는 순전히 탐욕과 자기 권력 강화, 자기 합리화에 이용된다. 큰 사고의 단순함은 극히 소수에게만 주어진 천부적 재능이라는 등, 근거 없는 주장들로 가득하다. 어떤 사람은 태어나면서부터 위대하다⋯ 끝. 백만장자가 되는 법에 대한, 거의 자서전에 가까운 이 책은 독창적이라고 할 만한 조언은 담고 있지 않다. 그러나 지금 우리가 처한 위험한 단순주의의 문을 열어젖히고 정치를 오염시켰다. 단순주의는 다음 두 단계로 이루어진다. 먼저 혼란과 혼돈을 일으킨다. 그다음 본인에게 유리한, 지나치게 단순한 해결책을 제시한다.

노벨상 수상자인 심리학자 대니얼 카너먼은 우리가 복잡한 문제에 직면하면 종종 그것을 더 쉬운 질문으로 대체해버린다는 사실을 입증했다. 대부분의 경우 우리는 우리가 문제를 바꿔버렸다는 사실을 모른 채 넘어간다. 단순해진 질문에 대한 대답은 정체된 지식에서 나온다. 정체된 지식, 성찰 부족, 좁은 시야는 확립된 사적 진리의 저장고이다. 문제가 있을 때마다 이 저장고를 이용하면 인지 과정에서 오는 과도한 스트레스를 피할 수 있다. 하지만 이것은 일반적으로 인지적 편향을 초래한다. 단순한 질문에 대해서는 단순한, 하지만 지나치게 단순하진 않은 답변이 선호될 것이다.

카너먼의 연구에 따르면 특히 분열을 초래하는 정치적 수사는 사고의 지름길로 가득하다. 삼단논법에 근거한 실험에 따르면, 미리 짜낸 결론을 믿는 사람들은 이것이 오류가 있거나 비논리적이라 해도 받아들이는 것으로 밝혀졌다. 논증이 부분적인 정보에만 근거해도 정보를 더 찾아보는 대신 재빨리 결론에 도달하려 한다.

단순주의는 이처럼 인지 편향 및 오류가 풍부한 토양에서 번성한다. 극단적 표현과 호전적 발언 속에서, 단순주의는 삶의 방식으로서의 단순함을 적대시하며 이를 비현실적이고 시대에 역행하며 개인의 자유를 침해하는 것으로 호도한다. 단순주의는 종종 과거 '적색 공포'*의 수사로부터 미리 짜인 논리를 가져오기도 한다.

심리학자 제이콥 펠드먼의 연구에 따르면, 논리나 이야기가 간단하면 간단할수록 실제가 아닌 지어내거나 짜깁기한 것으로 받아들여진다. 사실이라기엔 너무 단순하다는 것이다. 그러나 예상보다 단순한 구조는 흥미를 자극할 가능성이 높다. 인지과학자 장 루이 데살이 전개한 '단순성 이론'에 따르면 사람들은 "복잡성이 감소한, 즉 설명하는 것보다 묘사하는 것이 더 간단한 상황에 민감하다." 예기치 않은 복잡성 감소의 예로, 숫자가 적힌 카드 중에서 한 장씩 여섯 장을 무작위 추첨하는 경우를 생각해보자.

한 상황에서 1에서 6까지 순서대로(1-2-3-4-5-6) 카드를 뽑았다고 가정해보자. 이처럼 연속적인 숫자를 뽑는 상황은 적은 양의 정보만으로도 묘사하기에 충분하므로 더 간단하다. 여섯 개의 숫자가 무작위로 섞여 나오는 경우가 더 많겠지만, 이때는 앞의 상황만큼 관심을 끌지 못하며 더 복잡한 설명이 필요하다. 결국 더 단순한 추첨은 기댓값은 낮지만 더 흥미롭다. 그리고 이런 경우는 조작과 사기 가능성에 대한 우려를 불러일으킨다. 즉, 간단히 기술할 수 있는 현상이 반드시 신뢰할 수 있는 현

---

*　미국에서 일어난 반공주의 공포

제5장

단순함을
만드는
단순함

상은 아니다. 하지만 이에 대한 서술이나 논증은 매우 호소력 있고 인지적 만족을 줄 수도 있다. 단순한 삶을 살고자 하는 사람들은 '1-2-3-4-5-6'과 같은 상황에 접근할 때 어느 정도 주의를 기울이려 할 것이다. 첫눈에도 너무 단순해 보이는 것들의 유혹에 저항하는 것이 바로 단순한 삶을 향한 첫걸음이다.

대체와 과도한 단순화 피하기는 단순한 삶에서 큰 부분을 차지한다. 단순주의에 저항하는 것이 단순한 삶에서 가장 쉬운 부분은 아니다. 단순하고 건전한 추론을 가장한 환원주의적 사고는 끊임없이 우리를 공격하며 맹목적인 소비주의와 무시무시한 보호주의로 우리를 끌어들인다. 자발적 단순성 운동가는 때로 과장되듯이, 개인주의적이고 원시주의적인 현실 도피자가 아니다. 서구 경제적 삶의 현실에서 동떨어진 이상주의자도 아니다. 반대로, 많은 단순주의자는 타인과 지구에 대한 배려와 관심이라는 윤리적 원칙에 근거한 생활 방식을 채택한 도시인들이다.

자발적 단순성 운동이 확산되고 있음에도, 단순한 삶은 주류 언론이 보급한 '친환경' 생활 방식에 밀려났다. 삶의 양식으로서 단순한 삶은 오늘날 환경 파괴와 무분별한 경제 성장, 빈곤의 만연 그리고 정치적 상황에 대한 불만 고조 등의 문제에 다양한 해결책을 제공한다. 그것은 환경 운동보다 덜 환경 친화적인 것도, '제3의 길'도 아니다.

알렉산더와 어셔의 설문 조사에서 알 수 있듯이, 단순주의자들은 여전히 "동원되지 않은 유권자"로 남아 있다. 서구 정치 무대에서 이들을 찾아볼 수 없는 것은 어쩌면 급진성이 낮기 때문일 수도 있다. 단순한 생활 방식을 채택하는 것은 어렵지 않다. 어쩌면 단순주의자 되기가 그다지 어렵지 않기에 단순한 행동으로 이끄는 결정 과정을 약화시키는 것일 수도 있다. 단순화 운동에의 헌신 정도는 차이가 있고 이에 대해서는 이미 상술한 바 있다. 하지만 정확히 말하면, 단순한 삶은 그렇게 행동하기로 한 단순한 결정에서 시작한다. 단순화 운동이 그 존재를 알리고 성장하려면 그러한 결정을 급진화하는 것이 필요할 수도 있다.

미국의 사회학자 아미타이 에치오니가 단순주의자를 유형별로 분류하면서 묘사한 것처럼, 다운시프트족downshifter*은 자신들의 선택이 정치적 행동이라는 사실을 모를 수도 있다.[9] 그들은 반전운동을 이끈 68세대 운동가들처럼 열정 넘치지는 않지만, 그들의 결정과 행동은 결국 지구를 살리는 전 지구적 활동에 귀속될 수 있다. 불필요한 물건은 사지 않기로 한 결심은 부족한 사회성의 신호가 아니다. 슈퍼마켓 복도에서 실천하는 경제적 불복종과 저항의 정치적 행동이다. 단순한 생활은 또한 일관된 가치를 공유하는(하지만 거기에 머물지 않는) 계획 공동체에 참여하는 일이기도 하다. 유형별 분류는 사람들의 동기를 이해하는 데는 그다지 도움이 되지 않는다. 이들은 '양심적 단순주의

---

* 삶의 스트레스를 줄이기 위해 돈을 적게 버는 직종으로 이동한 사람들

자'인가, 아니면 '신중한 검약가'인가? 이러한 유형별 분류는 주로 마케팅 계획의 세부화를 목적으로 행해진다. 독일 학자 마티어스 페이어는 이렇게 말한다.

> 독일은 자발적 단순주의자들이 놀랄 만큼 큰 비중(14.4%)을 차지하며, 이에 따라 이들을 대상으로 한 친환경 제품이나, 소비를 줄이는 데 필요한 상품군(예컨대 내구성이 높은 상품이나 나눔 상품들)이 출시되고 있다. 온건한 단순주의자들은 주류 소비주의의 물결에서 약간 떨어져 더 지속 가능한 소비 모델을 향해 나아가고 있다. 사업적 관점에서 보면, 온건한 단순주의자들은 제품과 서비스를 통해 단순한 삶의 철학을 전달할 수 있는 기업의 관심 집단이다.[10]

성장을 거듭하는 이 연구 분야와 시장에 익숙하지 않은 사람은 자발적 단순주의자에 대한 연구가 얼마나 많은지 알면 적잖이 당황할 것이다. 기업과 마케터들은 단순주의자들을 유인하려 애쓰고 있다. 이들은 "단순한 삶의 철학 전파"를 그들 상품과 제품군, 광고에 녹여내고자 고심한다. 여기서 문제는 단순한 삶의 철학에 하나의, 합의된 교리 같은 것이 없다는 사실이다. 그러나 무엇이든 단순화시키고 마는 단순주의에 대한 불신에서 생겨난 단순한 생활의 철학은 있을 수 있다.

결론

단순한 목소리

한 물건에서 다른 쓸모를 찾거나 고쳐 쓸 방도를 찾지 않고 버리는 행위를 꺼리는 사람으로서 말하건대, 우리 사회가 버리기만 하는 것에서 벗어나 순환 경제로 나아가야 한다는 절박한 요청을 더 크게 들을 수 있다면 나는 그보다 더 기쁠 수 없을 듯하다.
—찰스 왕세자[1]

영국 왕위 계승자이자 백만장자인 사람이 검소함의 옹호자를 자처하는 것은 어쩌면 시대가 변하고 있다는 신호일 수 있다. 물론 부자일수록 검소해지기 쉬울 수도 있지만, 찰스 왕세자의 행동은 그가 진심으로 지구의 미래를 염려하고 있음을 입증한다. 공식 웹사이트는 그가 후원하는 영국 안팎의 수많은 환경 단체를 홍보한다.

지난 40년간 그는 사회적, 환경적으로 유익하며 경제적으로 실현 가능한 여러 계획을 추진했다. 그러나 환경에 대한 우려를 공유하는(그러나 재산은 더 적은) 다른 많은 사람처럼, 찰스 왕세자는 여전히 고전 경제학의 틀 안에서 활동한다. 그가 공개적으로 지지하는 해법들은 여러 면에서 애초에 환경 위기를 초래한 모델을 영속화한다. 아무리 유익하고 지속 가능한 행동이나 정책이라 하더라도, 이들 대부분은 여전히 경제 성장과 발전의 원리를 따른다.

찰스 왕세자가 '순환 경제'라고 표현한 가정의 검약조차 앞으로 나아가는 직선적인 성장과 동일한 원리에 지배된다. 지속 가능성과, 의도적이지만 선택적인 검약성은 세계 및 국내 경제를 윤리적으로 올바른 방향으로 이끌어가는 것과 관련된다. 사람들 대부분은 경제를 지연시키거나 후퇴시켜야 한다는 생각에 난감해할 것이다. 그리고 찰스 왕세자의 환경적 입장은 많은 녹색 경제학자들이 채택한 입장과 그리 다르지 않다. 용도 변경, 폐기물 제로, 그리고 천연자원 효율화와 같은 구호는 모두 신자유주의적 신념과—마치 생명체처럼 자기 보존, 자기 치유 및 자기 전파하는—시장 경제에 대한 헌신에서 그 힘을 얻는다.

일반적으로 새로운 환경적, 경제적 보상이 주어지고 지속 가능성을 위해 우선적으로 해야 할 행동을 더 영리하게 전파할 수 있다면 현재의 시스템은 자체적으로 이 문제들을 고쳐나갈 수 있으리라고 여겨진다. 검약과 지속 가능성, 이들 요주의 단어는 오늘날 보편적으로 여겨지는 생각, 즉 통제되지 않은 소비주의는 인류와 환경에 악영향을 미치지만 똑똑하고 잘 통제된 자본주의는 모두에게 이롭다는 생각을 담고 있다.

16세기 초로 거슬러 올라가는 '지속 가능성'이란 개념은, 단순주의와 마찬가지로 마케터들이 일부 제품의 상품 가치를 높이기 위해 도입했다. 경제학자들 또한 새로운 자본주의적 사업을 시작하는 데 이 용어를 활용했다. 물론 지속 가능성은 대부분 서구 국가에서 눈에 띄는 구매 습관 변화를 만들고 환경을 의식하는 생활 방식을 이끌어내는 데 기여했다. 한 가지 예를 들자면, 탄소 배출량을 줄이고자 지역 생산품을 구매하는 사람들이 점점 많아지고 있다.

경솔한 소비주의가 촉발시킨 환경 위험에 대한 인식이 높아진 결과, 지난 10년간 미국과 영국에서는 '파머스 마켓'*의 수가 계속해서 증가했다. 이러한 지역 시장은 환경 문제에 도움이 될 뿐만 아니라, 이른바 '식품 사막'이라 불리는 빈곤 지역에서 건강한 식품과 제품 공급 부족의 해결책으로 제시되기도 한다. 그러나, 지금까지의 연구에 따르면 파머스 마켓은 건강한 식료품의 사회 경제적 불균형 문제에 대처하는 일에는 전혀 관여하지

결론

단순한
목소리

---

* 지역 주민들이 직접 재배하거나 만든 농산물과 수공예품을 판매하는 시장

않은 것으로 나타났다.[2] 그것은 식량 정의food justice에 거의 영향을 미치지 않는, 백인 중산층 사회의 현상으로 남아 있다.

아울러 현지 생산 제품은 비록 환경에 더 유익한 측면이 있긴 하지만, 우리가 어떤 단순한 사실을 알아차리지 못하게 한다. 바로 매우 협소한 공간에서도 직접 먹거리를 키우는 일이 꽤 쉽다는 사실 말이다. 다행히도 도시 농업은 확대되고 있다. 도시 계획자들은 새롭게 전략을 짤 때 도시 농장들을 포함하려는 생각을 긍정적으로 받아들이고 있다. 만약 도시 농업이 장려되어 도시의 새로운 전경의 한 부분이 된다면 건강식품 평등에도 긍정적인 영향을 미칠 것이다.

오랫동안 환경에 무지했던 교외 지역사회는 윤리적 농경 기회, 더 영리한 환경 변화 및 계획적 '탈성장'의 잠재적 장소로 연구되어 왔다. '전환 마을' 운동은 기후 위기를 막고 소비주의에서 벗어나도록 대중의 각성을 이끌며, 지역 경제를 안정시키기 위한 풀뿌리 운동으로 새로운 지평을 열고 있다. 많은 일이 벌어지고 있지만, 아직 해야 할 일이 많다. 2018년 기후변화 국제패널IPCC은 긴급한 변화를 촉구하는 경종을 울렸다.

지속 가능성과 검약의 기치 아래 묶일 수 있는 핵심 개념들 몇 가지는 단순한 일상을 살아가는 가운데서도 드러날 수 있다. 그러나 많은 완고한 단순주의자들은 성장을 핵심 가치로 고수하는 이른바 '지속 가능한 경제 모델'을 비판해왔다. 경제 모델로서 탈성장은 실현 가능한 방향을 제시한다. 이러한 모델의 개론서 중 하나인 니콜라스 게오르게스쿠-뢰겐의 《엔트로피와 경제The Entropy Law and the Economic Process》(1971)는 새로운 성장 이론 확산의 길을 열어젖혔다.

프랑스 경제학자이자 철학자인 세르주 라투슈는 가장 높은 소리로 탈성장을 외치는 사람 중 하나이다. 탈성장 옹호자들은 경제 자체를 위해 경제 성장을 반대한다. 탈성장의 결과로 예상되는 것은 경제와 소비의 무한 퇴행이 아니라 생태적으로 지속 가능하고 사회적으로 평등한 대안적 사회다. 라투슈에 따르면, 탈성장의 성공 여부는 상당 부분 경제 제국주의로부터 탈식민화된 사회를 그릴 수 있는가 하는 데에 달려 있다. 자연적이고 필연적인 성장이라는 개념으로부터 사고가 자유로워질 때 새로운 사회 모형을 수립하고 자연계와 새로운 관계를 맺을 수 있다. 라투슈가 이 운동의 이면에 있는 핵심 사상을 전달하고자 무신론을 모방해 '무성장'이라는 용어를 제안한 점은 옳았다. 사실, 탈성장은 성장이라는 굳은 신념의 폐기를 요구한다.

사회적 수준에서 탈성장 프로그램은 물물교환이나 증정 같은 대안적 교환 방식의 확대를 의미한다. 현재의 교환 방식에서의 이탈은 사회 정의와 즐거움, 행복을 증진시키는 효과를 가져올 것이다. 게다가 전 지구적 현상으로서 탈성장은 생태학적, 사회적, 경제적으로 지역 특성을 계속해서 고려해야 한다고 말한다. 지역 특성을 염두에 두고 탈성장의 속도와 결과를 결정해야 하는 것이다. 탈성장의 목표는 모두를 위한 번영이다.

삶의 방식으로서, 그리고 국내 경제 개념으로서 탈성장은 단순한 삶을 사는 많은 단순주의자의 지지를 받았다. 탈성장이 고취시키는 생각들은 많은 면에서 자발적 단순성 및 그와 비슷한 운동들과 궤를 같이한다. '탈성장'은 고대 견유학자들의 삶을 이끌었던 수천 년 전의 개념을 일컫는 또 다른 용어는 아닐까? 초기 기독교 수도자, 근대 유럽 초기의 퀘이커와 셰이커 교도들, 루소나 소로 같은 사상가들, 그리고 검약과 돌봄, 단순성을 따르는 삶을 사는 계획 공동체의 일원들을 이끈 바로 그 개념 말이다.

탈성장이란 개념은 아마도 기존 지지자들을 새로이 결집시키고, 여러 면에서 오래된 관행에 새로운 이름을 부여할 것이다. 그러나 이 개념은 지나치게 급진적인 것으로 호도되는 경향이 있어 새로운 지지자를 끌어들이지는 못할 것이다. 탈성장은 '호모 이코노미쿠스'의 성장 강박을 포착하는 데 기여할 수 있지만, 탈성장이란 용어에서 암시되는 급진성으로 인해 그 메시지를 전달하는 데는 어려움을 겪을 수 있다. '탈성장'이란 말은 그것이 맞서 싸우는 강박 관념에 접두사를 더했다. 따라서 그러한 강박 관념, 즉 성장에 중독된 이들은 '탈성장' 운동을 즉각 외면하려 할 것이다.

'느리게 살기' 같은 메시지를 담은 구호는 좀 더 받아들여지기 쉽다. 예를 들어, 영국 저널리스트 칼 오너리가 《느린 것이 아름답다In Praise of Slow》에서 장려한 '슬로우 운동'의 큰 성공은 오늘날 학술적으로 들리는 이론보다 거기에 한 겹 포장을 씌운 삶의 방식이 더 쉽게 수용된다는 가설을 확인시켜준다.

> 빠름과 느림은 그저 변화의 속도를 묘사하는 것 이상이다. 그것은 특정 삶의 방식, 또는 삶의 철학을 이르는 약칭이다. 빠름은 분주하고, 통제적이고, 공격적이고, 서두르며, 분석적이고, 압박을 받고, 피상적이고, 조급하며, 적극적이고, 질보다 양을 추구하는 삶의 방식이다. 느림은 그 반대다. 평온하고, 주의 깊고, 수용하고, 고요하며, 직관적이고, 서두르지 않으며, 인내하고, 반성하며, 양보다 질을 추구한다. 사람, 문화, 일, 음식, 그 모든 것에서 실질적이고 의미 있는 관계를 만드는 일이다. 느림의 철학은 하나의 단어로 요약할 수 있다. 바로 균형이다.[3]

《느린 것이 아름답다》에서 가져온 이 구절은 하나의 아이디어가 상업적으로 성공을 거두려면 어떻게 해야 하는지 그 비결을 보여준다. 일단 "그 이상"의 무언가를 할 것을 제안한 뒤, 이분법—옳은 일과 잘못된 일, 선과 악—으로 완성되는 완벽한 삶의 철학을 뚝딱 마련하고 중대한 문제들을 재빨리 고친다. 무엇보다도, 일반적으로 긍정적으로 여겨지는 단어 하나로 이 모든 것을 요약하는 것이 중요하다. 여기서는 '균형'이다. 그러고는 천천히 할 것, 그 이상의 일을 할 것, 더 많이 볼 것, 더 많이 느낄 것, 더 완전한 삶을 살라고 말한다. 본질적으로 느린 생활은 성장과 효율성의 신화를 더 근사한 것으로 만들어 영속화하는 데 기여한다. 탈성장은 쓰디쓴, 단순한 치료 약이다. 슬로우 운동에서 수없이 반복되는 것과 같은, 꿀을 탄 연약이 아니다.

경제 이론과 삶의 방식으로서 탈성장은 아직 주류 정치, 학술, 공공 담론으로부터, 심지어 환경과 단순한 삶에 우선순위를 두는 사람들로부터도 성장 개념을 쫓아내지 못했다. 한 문화권에서 수십 년 동안 지속되어 온 성장 개념을 축출하기란 사실 어려운 일이다. 그래서 단순주의자들은 오랫동안 우리 자신의 근거 없는 믿음에 오염되지 않은 개념들을 서구가 아닌 다른 곳에서 찾아보고자 했다.

동양 철학에서 영향을 받은 소로와 머튼의 혼합주의적 관점이 바로 그런 사례다. 탈성장과 단순한 삶이란 새로운 패러다임은 안데스 원주민들의 우주론에서도 찾아볼 수 있다. 에콰도르와 볼리비아는 주 헌법에 이를 도입하기도 했다. 지역적인 차이점에도 불구하고 다음 토착어들, 즉 케추아어인 '수막 카우사이Sumak Kawsay', 과라니어인 '난데레코ñandereko', 아이마라어인 '수마 카마냐Suma Qamaña', 아추아르어인 '쉬르 와라스Shiir waras', 마푸체어인 '쿠메 몬겐Küme Mongen' 등은 모두 사람 및 자연과 조화를 이루며 사는 삶의 개념을 담고 있다. 이들 단어는 스페인어로 '부엔 비비르Buen Vivir' 또는 '비비르 비엔Vivir Bien'으로 번역되고, 이는 다시 '좋은 방식의 삶' 또는 '좋은 삶'이란 뜻으로 번역될 수 있다. 이 말은 '공동의 좋은 삶'이란 뜻도 가지고 있다.[4]

최소한의 삶
최선의 삶

단순한 삶과 마찬가지로, '부엔 비비르'는 어떤 복합어로도 포착하기 어려운 광범위한 의미 영역을 포괄한다. 그럼에도 이용어는 '생명과 역사, 어머니 대자연, 우주의 주기와 조화를 이루며 영원한 경의에 둘러싸인 모든 형태의 존재와 균형을 이루며 살아갈 줄 아는, 풍요로움 속에서 사는 삶'으로 정의된다.

부엔 비비르의 옹호자들은 인류학적 담론에 의해, 또는 탐욕스러운 다국적기업의 토지 몰수 행위에 의해 '파차마마 Pachamama', 즉 어머니 대자연이 전용되는 것에 반대한다. 부엔 비비르는 예전부터 그랬고 지금도 진행 중인 모든 형태의 경제적, 문화적 식민주의에 대항한다. 부엔 비비르의 핵심에는 생물과 무생물을 통틀어 모든 살아 있는 존재들의 조화로운 상호주의가 있다. 현재 부엔 비비르는 반식민지적 정치적 담론으로서 헌법에 포섭될 방안을 찾고 있다. 경제 발전이 토착민과 지역 환경에 미치는 영향은 사회 정치적 운동을 촉발시켰고, 이들의 목소리는 2000년대에 들어와 더욱 높아지고 있다.

2008년 에콰도르의 새로운 헌법은 부엔 비비르의 원리를 반영해 자연 그 자체의 권리를 인정하고 사회적 정의와 평등을 확대했다. 사회주의 정부가 그들의 의제를 추구하기 위한 목적으로 이 법안을 발의했다고 비판하는 목소리도 있었다. 그러나 부엔 비비르의 강점은 그 목표의 포괄성에 있다. 그것은 상호 연결성에 기초한 세계관으로서 이미 안정화된 지적 범주들을 거스른다. 우루과이 사회운동가 에두아르도 구디나스는 "그것은 정적인 개념이 아니다. 끊임없이 생성되는 개념이다."라고 말한다. 부엔 비비르는 서구의 전반적인 근대성을 현저히 거스르는 정치 사회적 원리들의 이질적인 조합으로서, 그것은 몇몇 성과가 아니라, 유럽 중심적 정치학에 식민화된 우리 상상력에 제기하는 도전에 근거해 평가되어야 한다.

단순한 삶의 긴 역사를 조망한 결과, 우리는 그 이념적 경로가 수많은 굴곡을 거쳐왔음을 알 수 있었다. 그 해석은 계속 변화했으며 그 표현 또한 광범위하다. 부엔 비비르와 마찬가지로, 단순한 삶도 여러 범주에 걸친 입장과 개념, 그리고 개인적 삶의 방식을 포괄한다. 단순한 삶은, 멀리까지 파장이 이어지는 중추적 개념으로서 정적인 원리와 고상한 뜻, 또는 기술적 처방의 조합으로 요약될 수 없다. 단순한 삶은 우리의 잠든 상상력을 깨울 수 있다. 습관의 힘을 약화시킬 수 있다. 단순한 삶은, 생명에서 나와 생명으로 되돌아오는 삶의 나직하고 고요한 목소리에 기꺼이 귀를 기울이는 이들에게 이 세상에 존재하기 위한 방식을 제안한다.

최소한의 삶
최선의 삶

주(註)

서문

1 Giorgio Agamben, *Homo Sacer: Sovereign Power and Bare Life* (Stanford, CA, 1998), p. 9.

2 François Jullien, *The Philosophy of Living*, trans. Michael Richardson and Krzysztof Fijalkowski (London, 2016), pp. 161 – 2.

3 현대적 사례로 20세기 초 단순성의 원리에 근거해 개발된 '바흐 치료법(Bach Remedy)'이 있다. 홈페이지(www.bachcentre.com)에서 '단순함에 대해(On Simplicity)' 항목을 참조할 것.

4 *Goethe's Letters to Zelter*, ed. Arthur Duke Coleridge (London, 1892), pp. 282 – 3.

제1장

1 Plato, *Phaedrus*, in Plato: *Complete Works*, ed. John M. Cooper (Indianapolis, IN, and Cambridge, MA, 1997), 275c.

2 Jacques Derrida, *Dissemination* (London, 1981), pp. 125–6.

3 파르메니데스의 일원론의 본성에 대한 논의는 이 책의 범위를 넘어선다.

4 영혼의 불멸성과 육체의 필멸성 대비는 《파이돈》, 80b를 참조할 것. "잘 생각해보게, 케베스. 지금까지 말한 것에서 어떤 결론을 이끌어낼 수 있을지. 신적이고 불멸하며 이해할 수 있고 동일하며 해체될 수 없고 언제나 그 자체와 동일한 것에 가장 가까운 것이 영혼이며, 반면 인간적이고 필멸하며 이해 불능하고 해체될 수 있으며 동일한 상태를 결코 유지하지 않는 것과 가장 가까운 것이 육체라고 말할 수 있지 않을까."

5 Plotinus, *The Enneads*, trans. Stephen MacKenna (London, 1956), v, 2, 1.

6 Blaise Pascal, *Pensées*, trans. Roger Ariew (Indianapolis, IN, and Cambridge, 2004), p. 144. (Sellier 457 and Lafuma 533).

7 Xenophon, *Memorabilia*, trans. E. C. Marchand (London, 1923), book i, 6, 14.

8 Karen Margrethe Nielsen, 'Economy and Private Property', in *The Cambridge Companion to Aristotle's Politics*, ed. M. Deslauriers and P. Destrée (Cambridge, 2013), p. 84.

9 Marcus Aurelius, *Meditations*, trans. Gregory Hays (New York, 2003), book vi, 13.

10 Diogenes Laërtius, *Lives of Eminent Philosophers*, trans R. D. Hicks (Cambridge, MA, 1931), vol. ii, book 6, p. 39.

제2장

1 이 부분은 불가타 성서를 번역한 것으로 원문은 다음과 같다. ˝Job (⋯) erat vir ille simplex et rectus.˝

2 Wisdom of Solomon 1:1–2. King James Version with Apocrypha (kjva).

3 ʿThe Shepherd of Hermasʾ, in *The Apostolic Fathers*, trans. Joseph Barber Lightfoot (New York, 1891), p. 409.

4 David A. Michelson, *The Practical Christology of Philoxenos of Mabbug* (Oxford, 2014), pp. 2–3.

5 *The Discourses of Philoxenos of Mabbug*, trans. Robert A. Kitchen (Collegeville, MN, 2013).

6 Giorgio Agamben, *The Highest Poverty: Monastic Rules and Form-of-life*(Stanford, CA, 2013), p. xi.

7 Thomas Merton, *Zen and the Birds of Appetite* (New York, 1968), pp. 61–2.

8 Thomas Keating, ʿThe Seven Stages of Centering Prayerʾ, *Contemplative Outreach News*, xxviii/2 (2012), p. 2.

9 Thomas Keating, ʿSimplicityʾ, *Contemplative Outreach* News, xxviii/1

(2011), p. 1.

10 Jean-Baptiste Chautard, *The Spirit of Simplicity*, trans. Thomas Merton (Notre Dame, IN, 2017), p. 105.

11 Thomas Merton, *Turning toward the World: The Pivotal Years, Journals, vol. iv:* 1960–1963, ed. Victor A. Kramer (San Francisco, CA, 1996), p. 11.

12 Jacques Ellul, 'Technique and the Opening Chapter of Genesis', in *Theology and Technology: Essays in Christian Analysis and Exegesis*, ed. and trans. Carl Mitcham and Jim Grote (Lanham, MD, 1984), pp. 126–7.

제3장

1 Stephen J. Stein, *The Shaker Experience in America: A History of the United Society of Believers* (New Haven, CT, and London, 1992), p. 173.

2 *Summary View of the Millennial Church* (Albany, NY, 1823), pp. 248–9. Emphases mine.

3 Laura Paine, 'Hands to Work, Hearts to God: The Story of the Shaker Seed Industry', *HortTechnology*, iii/4 (1993), p. 266.

4 Morse, *The Shakers*, p. 349.

5 Frederick William Evans, *Shakers Compendium*, 4th edn (New Lebanon, NY, 1867), pp. 18–20.

6 Marie Huber, *The World Unmask'd; or, The Philosopher the Greatest Cheat* (London, 1736), p. 95.

7 William Penn, *No Cross, No Crown* (Leeds, 1743), p. 209.

8 Elias Hicks, *Journal of the Life and Religious Labours of Elias Hicks* (New York, 1832).

9 Quoted in Kenneth L. Carroll, 'Early Quakers and "Going Naked as a Sign"', *Quaker History*, lxvii/2 (1978), p. 76.

10 Marcus Rediker, *The Fearless Benjamin Lay* (Boston, MA, 2017), p. 2.

제4장

1 Jean-Jacques Rousseau, 'The Reveries of the Solitary Walker', in *The Collected Writings of Rousseau*, ed. Christopher Kelly (Hanover, NH, and London, 2000), vol. viii, pp. 19 – 20.

2 *Jean-Jacques Rousseau et Henriette*, ed. Hippolyte Buffenoir (Paris, 1902), p. 17. Translation mine.

3 Rousseau, 'Discourse on Inequality', pp. 20 – 21.

4 《정치에 대한 단편집》 1권에서 루소는 다음과 같이 썼다. "선의로 인간의 허영에 대한 모든 편견을 버리고 이러한 것들을 진지하게 숙고한 사람은 마침내 사회, 정의, 법, 상호방위, 약자에 대한 보호, 철학, 이성의 진보 등 그 모든 정의로운 단어들이 영리한 정치 사상가 또는 비겁한 아첨꾼들이 머리가 단순한 사람들을 속이기 위해 발명한 미끼일 뿐임을 알게 될 것이다." 이때 루소가 사용한 단어는 '단순한 사람들(les simples)'로, 영어의 '머리가 단순한(the simple-minded)'만큼 경멸적인 어조는 담고 있지 않다.

5 Jean-Jacques Rousseau, 'Social Contract', in *The Collected Writings of*

Rousseau, vol. iv, p. 198.

6 "나는 이런 방법으로 우리가 나누는 서신에서 종종 드러나곤 하는 그의 우울한 생각, 말하자면 당신을 둘러싸고 있는 것을 움켜쥘 방법만을 생각하며 쉽게 미끼를 물어버리는 단순한 영혼에 대한 그 생각에서 벗어나고자 했습니다."

7 Rousseau, 'Discourse on Inequality', p. 42.

8 Rousseau, 'Emile', p. 475.

9 Henry David Thoreau, 'Life without Principle', *Atlantic Monthly*, xii (1863), p. 487.

10 Ralph Waldo Emerson, 'Self-reliance', vol. ii, pp. 66 – 7.

11 Matthew Jefferies, '*Lebensreform*: A Middle-class Antidote to Wilhelminism?', in *Wilhelminism and Its Legacies: German Modernities, Imperialism, and the Meanings of Reform,* 1890–1930, ed. Geoff Eley and James Retallack (Oxford and New York, 2003), p. 98.

제5장

1 Walter Benjamin, 'Experience and Poverty', in *Selected Writings*, vol. ii: 1927 – 1934, trans. Rodney Livingstone and others, ed. Michael W. Jennings, Howard Eiland and Gary Smith (Cambridge, MA, 1999), p. 732.

2 Samuel Alexander, 'Wild Democracy: A Biodiversity of Resistance and Renewal', Simplicity Institute Report 16a (2016), www.simplicityinstitute.org, p. 15.

3 Martin Heidegger, 'The Question Concerning Technology', in *The Question Concerning Technology and Other Essays*, ed. William Lovitt (New York, 1977), p. 28.

4 Martin Heidegger, *What Is Called Thinking?*, trans. J. Glenn Gray (New York, 1968), pp. 14 – 15.

5 로세는 '굴욕(humiliation)'이란 용어를 쓴다. 굴욕이란 사회적 자아의 격하로, 이후에 더 설명할 것이다.

6 Samuel Alexander and Simon Ussher, 'The Voluntary Simplicity Movement: A Multi-national Survey Analysis in Theoretical Context', *Journal of Consumer Culture*, xii/1 (2012), pp. 66 – 86.

7 Ken Segall, *Insanely Simple: The Obsession That Drives Apple's Success* (New York, 2012).

8 Donald Trump, *The Art of the Deal* (New York, 1987), pp. 45 – 8.

9 에치오니는 단순주의자를 그들의 헌신 정도에 따라 다운시프트족에서 시작해 다음으로는 강한 단순주의자, 마지막으로 단순한 삶 운동에 참여하는 사람들로 구분했다.

10 Mathias Peyer, Ingo Balderjahn, Barbara Seegebarth and Alexandra Klemm, 'The Role of Sustainability in Profiling Voluntary Simplifiers', *Journal of Business Research*, lxx (2017), pp. 41 – 2.

결론

1 'Prince Charles at 70: Is This Multimillionaire Really a Role Model for Frugality?', www.guardian.co.uk, accessed 14 November 2018.

2 Bryce Lowery et al., 'Do Farmers' Markets Increase Access to Healthy Foods for All Communities? Comparing Markets in 24 Neighborhoods in Los Angeles', *Journal of the American Planning Association,* lxxxii/3 (2016), pp. 252–66.

3 Carl Honoré, In Praise of Slow: *How a Worldwide Movement Is Challenging the Cult of Speed* (London, 2004), p. 13.

4 Daniela Bressa Florentin, 'Between Policies and Life: The Political Process of Buen Vivir in Ecuador', in *The Politics of Wellbeing: Theory, Policy and Practice*, ed. Ian Bache and Karen Scott (London, 2018), pp. 121–42.

최소한의 삶
최선의 삶

참고 문헌

Agamben, Giorgio, *The Highest Poverty: Monastic Rules and Form-of-life* (Stanford, CA, 2013)

——, *Homo Sacer, Sovereign Power and Bare Life* (Stanford, CA, 1998)

——, *Profanations* (New York, 2015)

Alexander, Samuel, and Brendan Gleeson, *Degrowth in the Suburbs: A Radical Urban Imaginary* (London, 2018)

Alexander, Samuel, and Amanda McLeod, *Simple Living in History: Pioneers of the Deep Future* (Melbourne, 2014)

Alexander, Samuel, and Simon Ussher, 'The Voluntary Simplicity Movement: A Multi-national Survey Analysis in Theoretical Context', *Journal of Consumer Culture*, xii/1 (2012), pp. 66–86

Althusser, Louis, *Cours sur Rousseau* (Paris, 2012)

Andrews, Edward Deming, *The Gift to Be Simple: Songs, Dances and Rituals of the American Shakers* (New York, 1962)

Aristotle, Metaphysics, in *The Complete Works of Aristotle*, ed. Jonathan Barnes (Oxford, 1995), vol. ii, pp. 1552–728

——, *Nicomachean Ethics*, 같은 책, pp. 1729–867

——, *Politics*, 같은 책, pp. 1986–2129

Bachelard, Gaston, *The New Scientific Spirit*, trans. Arthur Goldhammer (Boston, MA, 1984)

Barclay, Robert, *An Apology for the True Christian Divinity* (London, 1780)

Barthes, Roland, Le Neutre: *cours au collège de France (1977–1978)*, ed. Thomas Clerc (Paris, 2002)

Bartlett, Jamie, *The People vs Tech* (London, 2018)

Becksvoort, Christian, *The Shaker Legacy: Perspectives on an Enduring Furniture Style* (Newtown, CT, 2000)

Benezet, Anthony, *Observations on Plainness and Simplicity* (날짜, 지역 미상)

Benjamin, Walter, 'Experience and Poverty', in *Selected Writings*, vol. ii: 1927–1934, trans. Rodney Livingstone et al., ed. Michael W. Jennings, Howard Eiland and Gary Smith (Cambridge, MA, 1999), pp. 731–6

Bergson, Henri, *Les Deux Sources de la morale et de la religion* (Paris, 1932)

Brownlee, William Craig, *A Careful and Free Inquiry into the True Nature and Tendency of the Religious Principles of the Society of Friends* (Philadelphia, PA, 1824)

Buffenoir, Hippolyte, ed., *Jean-Jacques Rousseau et Henriette* (Paris, 1902)

Caradonna, Jeremy L., *Sustainability: A History* (Oxford, 2014)

Chautard, Jean-Baptiste, *The Spirit of Simplicity*, trans. Thomas Merton

(Notre Dame, IN, 2017)

Cohen, Jack, and Ian Stewart, *The Collapse of Chaos: Discovering Simplicity in a Complex World* (London, 1995)

Comte-Sponville, André, *A Small Treatise on the Great Virtues* (New York, 2001)

de Halleux, André, *Philoxène de Mabbog: sa vie, ses ecrits, sa theologie* (Leuven, 1963)

De Temmerman, Koen, *Crafting Characters: Heroes and Heroines in the Ancient Greek Novel* (Oxford, 2014)

Derrida, Jacques, *Dissemination* (London, 1981)

Desmond, William, *Cynics* (Stocksfield, 2008)

Dio Chrysostom, *Discourses*, trans. J. W. Cohoon (Cambridge, MA, 1932)

Diogenes Laërtius, *Lives of Eminent Philosophers*, trans. Robert Drew Hicks (Cambridge, MA, 1931)

Elgin, Duane, *Voluntary Simplicity: Toward a Way of Life That is Outwardly Simple, Inwardly Rich* (New York, 1993)

Ellul, Jacques, 'Technique and the Opening Chapter of Genesis', in *Theology and Technology: Essays in Christian Analysis and Exegesis*, ed. and trans. Carl Mitcham and Jim Grote (Lanham, MD, 1984)

——, *The Technological Society* (New York, 1964)

Emerson, Ralph Waldo, 'Literary Ethics', in *The Complete Works of Ralph Waldo Emerson*, ed. Edward Waldo Emerson (Boston, MA, and New York, 1903–4), vol. i, pp. 153–87

——, 'Natural History of the Intellect', 같은 책, vol. xii, pp. 1–110

——, 'Self-reliance', 같은 책, vol. ii, pp. 43–90

——, 'Spiritual Laws', 같은 책, pp. 129 – 66

——, 'The Transcendentalist', 같은 책, vol. i, pp. 327 – 59

Etzioni, Amitai, 'Voluntary Simplicity: Characterization, Select Psychological Implications, and Societal Consequences', *Journal of Economic Psychology*, xix (1998), pp. 619 – 43

Evans, Frederick William, *Shakers Compendium* (New Lebanon, NY, 1867)

Feldman, Jacob, 'How Surprising Is a Simple Pattern? Quantifying "Eureka"', *Cognition*, xciii (2004), pp. 199 – 224

Francis, Richard, *Fruitlands: The Alcott Family and Their Search for Utopia* (New Haven, CT, 2010)

Goddard, Jean-Christophe, *Mysticisme et folie: Essai sur la simplicité* (Paris, 2002)

Gregg, Richard B., *The Value of Voluntary Simplicity* (Wallingford, PA, 1936)

Grober, Ulrich, *Sustainability: A Cultural History* (Totnes, 2012)

Gudynas, Eduardo, 'Buen Vivir: Today's Tomorrow', *Development*, liv/4 (2011), pp. 441 – 7

Hadot, Pierre, *Philosophy as a Way of Life: Spiritual Exercises from Socrates to Foucault* (Oxford, 1995)

Heidegger, Martin, 'The Question Concerning Technology', in *The Question Concerning Technology and Other Essays*, ed. William Lovitt (New York, 1977), pp. 3 – 35

——, *What Is Called Thinking?*, trans. J. Glenn Gray (New York, 1968)

Hicks, Elias, *Journal of the Life and Religious Labours of Elias Hicks* (New York, 1832)

Honoré, Carl, *In Praise of Slow: How a Worldwide Movement Is Challenging the Cult of Speed* (London, 2004)

Huber, Marie, *The World Unmask'd; or, The Philosopher the Greatest Cheat* (London, 1736)

Jankélévitch, Vladimir, *Henri Bergson* (Durham, NC, 2015)

——, *L'Innocence et la méchanceté, Traité des vertus*, vol. iii (Paris, 1986)

Jonson, Ben, *Cynthia's Revels* (Dumfries and Galloway, 2017)

Jullien, François, *The Philosophy of Living*, trans. Michael Richardson and Krzysztof Fijalkowski (London, 2016)

Kaczynski, Theodore, *Technological Slavery* (Port Townsend, WA, 2008)

Kahneman, Daniel, *Thinking, Fast and Slow* (London, 2012)

Keating, Thomas, 'The Seven Stages of Centering Prayer', *Contemplative Outreach News*, xxviii/2 (2012), pp. 1–2

——, 'Simplicity', *Contemplative Outreach News*, xxviii/1 (2011), p. 1

King James Bible

Latouche, Serge, *Les Précurseurs de la décroissance: Une anthologie* (Neuvy-en-Champagne, 2016)

Marcus Aurelius, *Meditations*, trans. Gregory Hays (New York, 2003)

Merton, Thomas, *Turning toward the World: The Pivotal Years. Journals*, vol. iv, 1960–1963, ed. Victor A. Kramer (San Francisco, CA, 1996)

——, *Zen and the Birds of Appetite* (New York, 1968)

Michelson, David A., *The Practical Christology of Philoxenos of Mabbug* (Oxford, 2014)

Morse, Flo, *The Shakers and the World's People* (New York, 1980)

Nayler, James, *A Collection of Sundry Books, Epistles and Papers* (London,

1716)

Newton, Isaac, Newton's Principia: *The Mathematical Principles of Natural Philosophy*, trans. Andrew Motte (New York, 1846)

Nietzsche, Friedrich, 'The Wanderer and His Shadow', in *Human, All-Too-Human*, trans. Paul V. Cohn (London, 1911)

Pascal, Blaise, *Pensées*, trans. Roger Ariew (Indianapolis, IN, and Cambridge, 2004)

Penn, William, *No Cross, No Crown* (Leeds, 1743)

Philostratus, *Images*, trans. Arthur Fairbanks (London, 1931)

Philoxenos of Mabbug, *The Discourses of Philoxenos of Mabbug*, trans. Robert A. Kitchen (Collegeville, MN, 2013)

Plato, *Phaedo*, in *Plato: Complete Works*, ed. John M. Cooper (Indianapolis, IN, and Cambridge, MA, 1997), pp. 49 – 100

_____, *Phaedrus*, 같은 책, pp. 506 – 56

_____, *Republic*, 같은 책, pp. 971 – 1223

_____, *Theaetetus*, 같은 책, pp. 157 – 234

Plotinus, *The Enneads*, trans. Stephen MacKenna (London, 1956)

Pope, Alexander, 'Ode on Solitude', in *Complete Poetical Works of Alexander Pope*, ed. W. C. Armstrong (New York, 1877), vol. i

Rediker, Marcus, *The Fearless Benjamin Lay* (Boston, MA, 2017)

Rosset, Clément, *Loin de moi* (Paris, 1999)

_____, *The Real and Its Double*, trans. Chris Turner (Calcutta, 2012)

_____, *Le Réel: Traité de l'idiotie* (Paris, 1997)

Rousseau, Jean-Jacques, 'Discourse on the Origins of Inequality', in *The Collected Writings of Rousseau*, ed. Roger D. Masters and Christopher

최소한의 삶
최선의 삶

Kelly (Hanover, NH, and London, 1992), vol. iii

——, 'Emile, or on Education', in *The Collected Writings of Rousseau*, ed.
Christopher Kelly and Allan Bloom (Hanover, NH, and London,
2010), vol. xiii

——, 'Julie or the New Heloise', in *The Collected Writings of Rousseau*,
trans. Philip Stewart and Jean Vaché (Hanover, NH, and London,
1997), vol. vi

——, 'Political Fragments', in *The Collected Writings of Rousseau*, ed. Roger
D. Masters and Christopher Kelly (Hanover, NH, and London, 1994),
vol. iv

——, 'The Reveries of the Solitary Walker', in *The Collected Writings of
Rousseau*, ed. Christopher Kelly (Hanover, NH, and London, 2000),
vol. viii

——, 'Rousseau Judge of Jean-Jacques: Dialogues', in *The Collected Writings
of Rousseau*, ed. Roger D. Masters and Christopher Kelly (Hanover,
NH, and London, 1990), vol. i

——, 'Social Contract', in *The Collected Writings of Rousseau*, ed. Roger D.
Masters and Christopher Kelly (Hanover, NH, and London, 1994),
vol. iv

Saint Jerome, 'Against Jovinianus', in *The Principal Works of St Jerome*,
trans. W. H. Fremantle (Oxford, 1893), vol. vi

Schumacher, Ernst Friedrich, *Small Is Beautiful: Economics as if People
Mattered* (London, 2010)

Segall, Ken, *Insanely Simple: The Obsession That Drives Apple's Success* (New
York, 2012)

'The Shepherd of Hermas', in *The Apostolic Fathers*, trans. Joseph Barber Lightfoot (New York, 1891)

Shi, David E., *The Simple Life: Plain Living and High Thinking in American Culture* (Athens, GA, 2007)

Slobodkin, Lawrence B., *Simplicity and Complexity in the Games of the Intellect* (Cambridge, MA, 1992)

Spenner, Patrick, and Karen Freeman, 'To Keep Your Customers, Keep It Simple', *Harvard Business Review* (May 2012), pp. 109–14

Stein, Stephen J., *The Shaker Experience in America: A History of the United Society of Believers* (New Haven, CT, and London, 1992)

Summary View of the Millennial Church (Albany, NY, 1823)

Testament of Issachar, in *Ante-Nicene Fathers*: The Writings of the Fathers down to a.d. 325 (New York, 1903), vol. viii

The Shepherd of Hermas, in *The Apostolic Fathers*, trans. Joseph Barber Lightfoot (New York, 1981)

Thoreau, Henry David, 'Walden', in *Henry David Thoreau*, ed. Robert F. Sayre (New York, 1985), pp. 321–587

——, 'A Week on the Concord and Merrimack Rivers', 같은 책, pp. 1–319

Trump, Donald, *The Art of the Deal* (New York, 1987)

Warde, Paul, *The Invention of Sustainability: Nature and Destiny, c. 1500–1870* (Cambridge, 2018)

Woolman, John, *The Journal of John Woolman* (Gloucester, MA, 1971)

Xenophon, *Memorabilia*, trans. E. C. Marchand (London, 1923)

최소한의 삶
최선의 삶

최소한의 삶 최선의 삶

초판 1쇄 발행	2021년 10월 20일
지은이	제롬 브리요
옮긴이	박선진
펴낸곳	(주)행성비
펴낸이	임태주
편집총괄	이윤희
책임편집	김지호
디자인	페이지엔
출판등록번호	제2010-000208호
주소	경기도 파주시 문발로 119 모퉁이돌 303호
대표전화	031-8071-5913
팩스	0505-115-5917
이메일	hangseongb@naver.com
홈페이지	www.planetb.co.kr

ISBN 979-11-6471-153-6 (03190)

행성B는 독자 여러분의 참신한 기획 아이디어와 독창적인 원고를 기다리고 있습니다.
hangseongb@naver.com으로 보내 주시면 소중하게 검토하겠습니다.